史跡「四天王寺旧境内」現況写真（平成 26年 12月撮影）

四天王寺
Shitennoji shin engi
新縁起

一本崇之 Ichimoto Takayuki

監修 和宗総本山 四天王寺

東方出版

ごあいさつ

四天王寺創建の由緒を記した『四天王寺縁起』（根本本）は、寛弘四年（一〇〇七）に見出されて以降、聖徳太子御真筆の書として永きにわたり信仰を集めてきました。この文書の出現は、浄土信仰の隆盛と人々の参詣を促した点で、四天王寺史における重要なターニングポイントと言えましょう。以降の四天王寺のあり方を決定づけたのは、この『四天王寺縁起』だと言っても過言ではありません。裏を返せば、現代のわたしたちが四天王寺の歴史と信仰のかたちを理解しようとするとき、『四天王寺縁起』はなくてはならないものなのです。

本書は、この『四天王寺縁起』にちなんで『四天王寺〈新〉縁起』と題し、四天王寺をご紹介する書籍として刊行いたしました。創建から現代にいたるまでの四天王寺一四三〇年の歩みが順を追って記述されており、どなたでも手に取っていただきやすい内容となっています。

本書の著者である一本崇之氏は、十二年間、四天王寺の学芸員として勤務し、宝物館での展示や保存修理などの文化財事業に携わるかたわら、当山の歴史と宝物についての研究と普及の立役者として活躍されました。日々さまざまな分野の研究者と交流し、多角的な視点から四天王寺についての理解を深められ、講演会や執筆活動を通じて、地域の方々をはじめ幅広い人々に向けた普及活動に邁進されました。聖徳太子一四〇〇年御聖忌においては、図書刊行や展覧会事業に精力的に取り組まれ、四天王寺の魅力を発信してくださいました。当山を退職した現在も、四天王寺特別調査員として、当山の歴史の新たな側面を見出し、積極的に発信し続けてくださっています。

こうした一本氏の研究活動の背景には、幾度も罹災を重ねた四天王寺がなぜ今日まで続いてきたのか、という問題意識がありました。それを追究し続けた氏の足跡が、まさしくこの『四天王寺新縁起』に凝縮されています。本書をお読みいただければ、古代から現代にいたるまでの四天王寺史の流れをおさえられるとともに、一四三〇年という長い歴史のなかで四天王寺が人々の信仰を集め続けてきた理由の一端がお分かりいただけることでしょう。本書が、当山の歴史を知るうえでの必読書、いわば「令和の『四天王寺縁起』」として、末永く人々に愛読されることを願ってやみません。

令和七年二月

和宗総本山四天王寺　執事長　南谷恵敬

目次

【第二部】 四天王寺新縁起拾遺

はじめに

大阪市天王寺区に所在する和宗総本山四天王寺は、推古天皇元年（五九三）に聖徳太子が創建したわが国最古の官寺です。創建以来、聖徳太子信仰や浄土信仰の霊地として信仰を集めてきました。今日も「大阪の仏壇」と称され、地域の人々の心の拠り所として親しまれています。

一方で、日本仏教史において極めて重要な寺院でありながら、歴史の教科書に登場するのは「四天王寺式伽藍配置」の単語くらいで、修学旅行や遠足で四天王寺に行ってきたという話もあまり聞きません。「四天王寺は古いお寺らしいけれども、伽藍は戦後に建てられた鉄筋コンクリートの建築だし、法隆寺のように特別見るべき古い建物もない……」そのような声を耳にさえします。かくいう私も、かつてはそのようなイメージを持っていた一人でした。

しかしご縁あって四天王寺の学芸員として勤めることになり、その歴史や信仰を学んでいくなかで、四天王寺の印象はまったく異なるものとなりました。伝来する国宝や重要文化財をはじめとする優れた寺宝の数々はもちろんのことですが、何より実感したのは、四天王寺は「祈りの場」であるということでした。毎日欠かさずお参りをされ日々の安穏を願う方、おじいちゃんおばあちゃんと連れ立ってご先祖供養をする幼い子どもたち、水子供養のために小さなお地蔵様に手を合わせる若いご夫婦の姿――四天王寺にはそうした参詣の方々の祈りの姿であふれているのです。四天王寺は古いお寺でありながら、今なお信仰の場として「生きた寺院」であることを強く感じました。

千四百三十年にわたる四天王寺の歴史は度重なる罹災の歴史でもあります。現在の五重塔は、七度倒れて八代目の塔であることから「七転び八起きの塔」とも呼ばれているくらいです。四天王寺が、幾多の罹災を経てもなおその法灯を一度も絶やすことなく、人々の信仰を集めて今日まで存続しえたのは何故なのだろうか。いつしかこの問いが私にとって大きな研究テーマとなっていきました。

本書のタイトルを「四天王寺新縁起」とするにあたって、四天王寺に伝わる国宝『四天王寺縁起』(根本本)が念頭にあるのはいうまでもありません。『四天王寺縁起』は、寛弘四年(一〇〇七)に発見されて以降、「聖徳太子御真筆の縁起」として信仰の核となり、四天王寺の寺院としての性格や信仰のありかたを一変させました。四天王寺史に最も影響を与えた、きわめて重要な宝物です。

私の四天王寺の勉強はこの『四天王寺縁起』を読み解くことから始まりました。そしてこの縁起を取り巻く歴史的な背景や信仰を基軸に、断片的な歴史上の事象を少しずつつなぎ合わせていきながら、四天王寺の全体像を把握する作業を続けてきました。四天王寺を読み解く道標としての『四天王寺縁起』の役割を意識し、永きにわたる四天王寺の歴史をできるだけわかりやすく記述することで、四天王寺を理解する第一歩になってほしいとの想いから「新縁起」と名付けました。

本書を通して、四天王寺というお寺の奥深さを感じていただくとともに、「こんど四天王寺に行ってみようか」と思っていただくきっかけになれば幸いです。

【第一部】

四天王寺新縁起

1 四天王寺の創建

四天王寺は、『日本書紀』推古天皇元年（五九三）秋九月条にある「この年、はじめて四天王寺を難波荒陵《あらはか》に作り始めた」との一文によって、五九三年に「難波荒陵」の地に創建されたと伝えられています。

この当時、百済よりもたらされた新しい仏教を崇拝する蘇我氏と、それを「蕃神《あだしくにのかみ》」（外国の神）として排斥しようとする物部氏の間で対立が激化していました。疫病流行を理由に物部守屋《もののべのもりや》が蘇我馬子《そがのうまこ》の建てた寺塔を焼くなど、仏教排斥の動きが強まる中、用明天皇二年（五八七）、用明天皇崩御後の皇位継承問題が引き金となって、ついに両氏は戦に発展します（丁未《ていび》の乱）。

蘇我氏と血縁関係にあり、幼少より馬子のもとで仏教に親しんだ聖徳太子（厩戸皇子《うまやどのおうじ》）もこの戦にも加わることとなりました。外交を司る蘇我馬子と、軍部を司る物部守屋では戦力の差は大きく、蘇我軍は三度敗走します。この時太子は、白膠木《ぬるで》の木で自ら四天王を彫り、「今もしこの自分を敵に勝たせてくださったら、必ず護世四王（四天王）のため寺塔を建てましょう」と誓願を立てられました。するとその法力により、迹見赤檮《とみのいちい》の放った矢が命中して守屋が絶命すると、一気に形勢を逆転して蘇我軍が勝利を収めます。この戦勝によって誓願の通り太子が建立した寺院、それが四天王寺です。

ただし四天王寺に伝来する『四天王寺縁起』（御手印縁起）には「丁未の歳をもってはじめて玉造の岸の上に建つ。この地に改めて点じる」、つまり当初は玉造の岸に建てられ、のちに現在の地に移建したとも記されています。現在も大阪市には「玉造」の地名が残っていますが、その周辺からはそれらしき遺構は発見されておらず、この史料にみる「玉造」がどこなのか明確な場所はわかっていません。

さて、このように史料の上では五九三年の創建とされていますが、考古学研究では発掘調査に基づく知見によって造営時期が検討されています。四天王寺は昭和九年（一九三四）の室戸台風による五重塔・中門の倒壊後と昭和二十年（一九四五）の大阪大空襲による伽藍焼失後の二度の機会に発掘調査が行われています。この発掘調査によって古代の伽藍の遺構や、瓦をはじめとする膨大な数の考古遺品が出土し、伽藍配置や規模が創建当初のまま維持されてきたことなど、古代四天王寺の実態が明らかとなる重大な成果がもたらされました。

このうち創建期の地層からは、法隆寺の前身となる若草伽藍と同じ木型（笵《はん》）を使った無子葉弁八葉蓮華文軒丸瓦が複数出土しています。こうした笵は何万枚という瓦を作ることで磨耗していくのですが、若草伽藍出土瓦と四天王寺出土瓦を比べると、四天王寺瓦の模様が少し不明瞭になっている、つまりは笵の摩耗が進んでおり、これによって斑鳩寺の造営が四天王寺よりも先行することがわかります。

若草伽藍の建立は、樟葉平野山瓦窯出土の須恵器の年代や、法隆寺金堂薬師如来坐像光背銘などから六〇七〜六一〇年頃と推定されています。一方四天王寺では『日本書紀』推古三十一年（六二三）七月条により、新羅から使者が来朝し、仏像一具、金塔ならびに舎利、大灌頂幡《かんじょうばん》一具と小幡十二条を献上し、このうち仏像を葛野秦寺《かどののはたでら》（広隆寺）に、残りの品を四天王寺に納めたことが知られており、当時四天王寺はすでに寺院としての体裁が整っていたことがうかがえます。これらの資料や出土瓦の研究により、四天王寺金堂や五重塔の造営は六二〇年頃に行われたと推定されています。

無子葉弁八葉蓮華文軒丸瓦（重文）

2 四天王寺金堂の本尊

古代における四天王寺金堂の本尊、つまり四天王寺の本尊はどのような仏像だったのでしょうか。

金堂について記しているもっとも古い記録に、延暦二十二年（八〇三）に編纂された四天王寺の縁起資材帳『大同縁起』があります。これによると、金堂内には恵光法師が唐より請来した阿弥陀三尊、近江大津宮で天智天皇が安置していた弥勒菩薩一体、聖徳太子本願の大四天王像四体、上宮大后（太子の母か）本願の小四天王像があり、いずれも金銅仏で、さらに四天王の手には高さ一寸九分（約六㎝）の純金太子像があったとあります。

このうちのどの仏像が四天王寺の本尊であったのかということが議論されてきました。阿弥陀三尊が筆頭に書かれていますので、あるいはこの阿弥陀三尊が本尊であったとも考えられますが、創建期の七世紀に阿弥陀が本尊として安置されることがあったのかという疑問も残ります。この『大同縁起』に続く史料として、寛弘四年（一〇〇七）に発見された

『四天王寺縁起』があり、これによると金堂には金銅救世《ぐぜ》観音像一体、四天王像四体、このほか金塗六重宝塔、金塗舎利塔が安置されていたとあります。『大同縁起』から二百年を経て発見された『四天王寺縁起』には、かつて記載されていた阿弥陀三尊が書かれていませんん。四天王寺は天徳四年（九六〇）に伽藍の大半を焼く火災に見舞われていますので、その時にこの阿弥陀三尊は焼失してしまったのかもしれません。

さて、この金堂の救世観音像は、平安時代に編纂された密教図像集『別尊雑記』の如意輪観音の部に「四天王寺救世観音像」として掲載されており、その姿をうかがうことができます。救世観音は、宝冠を被り、右手を顔に添え、左足をおろして座るいわゆる半跏思惟の姿で、光背として宝珠形の頭光を伴っています。弥勒菩薩は半跏思惟の姿で表されるのが通例ですので、十一世紀初頭では『大同縁起』に記載されている弥勒菩薩が、「救世観音」と称されて本尊として安置されていたことがうかがえます。なお、この四天王寺の救世観音が如意輪観音とみなされるようになったのは、醍醐寺の開祖聖宝《しょうぼう》の流れを汲む真言僧らによるものであるとの指摘がなされています。

『四天王寺縁起』出現を機に、四天王寺の救世観音像は由緒ある霊像として知られていましたので、平安時代以降その模刻像が造られて各地に伝わります。現存最古の例は、もと大阪・法道寺に伝来し現在は四天王寺の所蔵となっている救世観音像で、平安時代後期に遡るものです。また寛元四年（一二四六）造立の京都・三千院伝来像は、ずんぐりとした体型や衣文の表現など、飛鳥時代や朝鮮半島の仏像の様式をよく真似て作っています。さらに京都・蘆山寺《ろざんじ》や宮城・天王寺など像高二メートル前後の大きな模刻像も伝来しており、かつて四天王寺にあった本尊像の大きさをしのばせます。

四天王寺の本尊救世観音像は、永正七年（一五一〇）の地震による損傷をはじめ、天正四年（一五七六）の石山合戦や慶長十九年（一六一四）大坂の陣の戦火、享和元年（一八〇一）の伽藍火災、昭和二十年（一九四五）の大阪大空襲と、幾度となく焼失・復興を繰り返してきました。現在の金堂には、戦後、『別尊雑記』の図像をもとに、平櫛田中《ひらくしでんちゅう》監修のもと村上炳人《へいじん》が鋳造した丈六の金銅像が安置されています。

『別尊雑記』巻第18（部分）

3 飛鳥の残映

四天王寺は飛鳥時代の創建ですが、度重なる罹災により当時の建物はすべて失われてしまいました。「四天王寺式伽藍」と通称される伽藍も、創建時そのままの規模や配置を踏襲するとはいえ、飛鳥時代を直に肌で感じられるとは言い難いものがあります。その中で、七世紀に遡ることが判明し、先般大きく報道されて話題となった亀井堂亀形石槽は、数少ない飛鳥の息吹を感じさせる遺品といえるでしょう。

さて、四天王寺には太子所用の品と伝わる宝物が伝来しています。『四天王寺縁起』（根本本）、懸守《かけまもり》、『細字法華経《さいじほけきょう》』、京不見御笛《きょうみずのおふえ》、丙子椒林剣《へいししょうりんけん》・七星剣《しちせいけん》、緋御衣《ひのみころも》、鳴鏑矢《なりかぶらや》の七種（剣は二振で一種）で、当寺の什物の中でも別格の扱いを受けてきました（「太子伝来七種の宝物」）。最初の四種は平安時代以降のものとわかっていますが、残りの三種は太子の時代に遡りうるものとして知られています。

丙子椒林剣と七星剣は、太子佩用《はいよう》と伝わる直刀です（いずれも国宝）。丙子椒林剣は細身の切刃造で、刀身に「丙子椒林」の金象嵌《ぞうがん》銘が施されることからこの名が付きました。江戸時代の儒学者・新井白石によって、「丙子」は干支、「椒林」は刀工名と解釈されています。その鍛えの精巧さから実刀として佩用されていたとみえ、物部守屋との合戦の際、守屋の首を切り落とした剣であるとも伝わります。

七星剣も同じく切刃造の直刀で、刀身には二筋の樋《ひ》（刀身の溝）を作り、表に三星・北斗七星や雲形、区際《まちぎわ》（刀身根元側の端）に青龍の龍頭（裏面は白虎）を金象嵌します。星宿を尊ぶ風習は古来中国でみられ、天体の日月・星辰や四神のうちの青龍・白虎などを表す剣は、皇帝クラスの高位の者が、邪気や疫病を払う護身用、また権威の象徴として護持していま

七星剣（国宝）

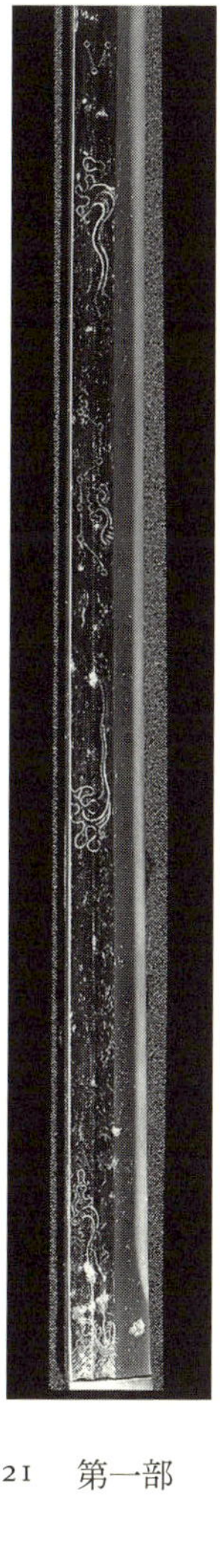

七星剣部分

した。日本では、この七星剣のほかに、聖武天皇遺愛と伝わる呉竹鞘御杖刀《くれたけのさやのごじょうとう》（正倉院宝物）や法隆寺金堂四天王持物の七星剣が知られています。

鳴鏑矢（重文）は、守屋との合戦にて用いられたものと伝わります。丁字型の鏃《やじり》の根元に牛角製の六目鏑を取り付けます。射ることで鏑が鳴るため、殺傷を目的としたものではなく、合戦の合図に用いられたものでしょう。篠竹製の箆《の》（鏃と矢羽を除いた部分）は当初のものですが、矢羽は亡失しています。

緋御衣（重文）は、太子着用と伝える袍《ほう》の残欠です。奈良時代に作られた漆皮箱に塊状に納められていたものを、現在は額装にして保管しています。古代の遺品ながら、茜染めの鮮やかな緋色を今に伝えます。

4 四天王寺五重塔とその壁画

四天王寺の堂宇に関する古代の史料は限られますが、五重塔については比較的詳しい記録が残り、堂内の様子をある程度把握することができます。

四天王寺五重塔に関する最も古い記録としては、『日本書紀』大化四年（六四八）二月条に、「己未、阿倍大臣、請四衆於四天王寺迎佛像四軀、使坐于塔内、造霊鷲山像、累積鼓為之。」とあり、阿倍内麻呂が比丘・比丘尼・優婆塞《うばそく》・優婆夷《うばい》の四衆を四天王寺に招き、塔内に仏像四体を安置し、霊鷲山《りょうじゅせん》像を、鼓を積み重ねて作ったということが記されています。この霊鷲山像についての詳細は明らかではありませんが、法隆寺五重塔初層にみるような塑造による霊鷲山の山岳表現のようなものかと考えられています。

さらに、『大同縁起』のほか、『弥勒菩薩画像集』（十二世紀前半、仁和寺）や『上宮太子拾遺記』（正和三年〔一三一四〕頃成立、法空撰）などの史料によって、この五重塔には壁画が描かれていたことがわかっています。

この三つの史料はそれぞれ記された時代が異なりますが、記載される壁画はいずれも同じ図像であったと考えられており、承和三年（八三六）の五重塔の雷火や、天徳四年（九六〇）の伽藍焼失の後も同じ図像が継承されたとみられています。さらに江戸時代に編纂された『天王寺誌』にも「八祖画像」とあるので、江戸時代に至るまで長くこの伝統が続いていたようです。

なかでも『上宮太子拾遺記』所載の、建久七年（一一九六）奥書のある「四天王寺宝塔三国大師塔銘」には詳細な記述があり、その壁画には聖徳太子二臣像をはじめ、中国天台宗草創期の僧侶や、行基とその弟子、釈迦十大弟子が描かれていることが近年の研究によって明らかにされています。

またこの『上宮太子拾遺記』には、心柱の四方を囲むように、西方に舞児《まいこ》（児・舞を踊っている童子）を伴った阿弥陀三尊像、北方に弥勒三尊、東方に薬師如来と十二神将、南方に釈迦三尊の仏像が安置されていたとあり、また内陣の四隅に四天王像とともに山水や様々な鬼形の木像と四天王の小像、外陣の妻戸にも扉絵とみられる四天王像、外陣の四隅にも等身から八尺（二・五メートル程度）の大きな四天王像が安置されていたと記されます。図は、この五重塔壁画に関する近年の研究の成果に加えて、この堂内安置仏を書き入れたものです。いささか四天王像が多すぎるようにも思いますが、壁画の祖師像とも相まって大変にぎやかな堂内であったことがわかります。

さてこの壁画に描かれている人物によって、最初の壁画の成立時期が宝亀三年（七七二）～延暦二十二年（八〇三）、つまり奈良時代後半～平安時代初頭であると推定することができます。そうであれば、聖徳太子を描いた最も早い時期の絵画が、かつて四天王寺の壁画にあったことになります。次にお話しするように、この宝亀頃には四天王寺絵堂で聖徳太子絵伝を描いた壁画が成立しており、この五重塔壁画とあわせて、奈良時代の四天王寺における太子信仰の高まりをうかがい知ることができるのです。

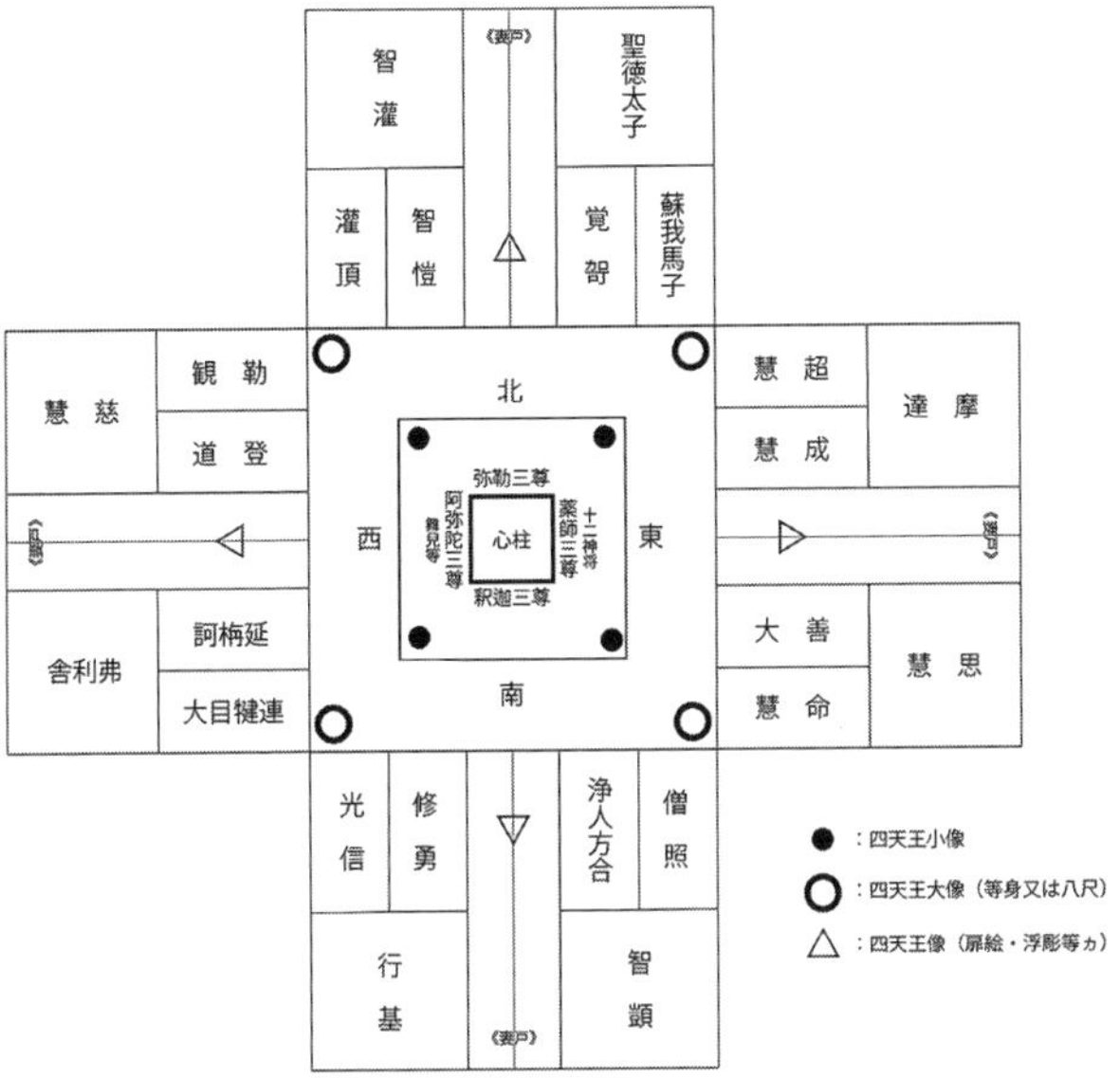

四天王寺五重塔壁画復元想定図
（山口哲史氏作成・図に内陣仏像を追加）

5 聖徳太子信仰の黎明と四天王寺絵堂

聖徳太子への信仰は、太子薨去《こうきょ》後まもなく起こったものとみられます。それは太子への崇敬の念から、太子周辺の人々によって、太子がいかに優れた人物であったかを文章として記したことに始まりました。こうしたものを「聖徳太子伝」といいます。その最も早いものが『日本書紀』記載の太子伝です。このような太子伝が時を経て、各地に伝わる様々な逸話を取り込んで、現在我々が知る聖徳太子像（イメージ）を作り上げていくことになります。

これとほぼ並行して太子伝を絵画化したものが作られます。これが「聖徳太子絵伝」です。初期の太子絵伝がどのようなものであったのかは、実作品が残っておらず明確ではありませんが、その最も早いものが四天王寺にあったことがわかっています。

四天王寺には聖徳太子絵伝を安置する「絵堂」と呼ばれる堂宇があります。現在の絵堂は戦後の復興になるものですが、『太子伝古今目録抄』の絵堂事条には、絵堂（絵殿）の太

現在の四天王寺絵堂

子絵伝としては法隆寺と四天王寺のものがあり、四天王寺の絵は聖武天皇治世の後か、太子没後百三十年ほどたった頃に描かれたものであると記されます。つまり現絵堂の前身となる堂宇が奈良時代にはすでに存在したことが確認されているのです。

また、『太子伝玉林抄』によると、四天王寺衆僧の敬明《きょうめい》が宝亀二年（七七一）に作った「四天王寺障子伝」というものがあるとし、『太子伝古今目録抄』太子伝不同事条では、障子図（壁画）を伴った『七代記』という太子伝があり、これは宝亀二年に教明（敬明）という人が作ったと記しています。つまり、八世紀後半頃には四天王寺の絵堂に太子絵伝があり、これが「障子伝」あるいは『七代記』と呼ばれるもので、宝亀二年に敬明という僧侶が作ったものであったというのです。

併記される法隆寺絵殿の絵伝（国宝：東京国立博物館蔵）は、延久元年（一〇六九）のものですから、四天王寺の絵伝はさらに古いものであったことがわかります。さらに平安時代に編纂された『聖徳太子伝暦《でんりゃく》』の跋文《ばつぶん》（あとがき）では、『日本書紀』などとともに「在四天王寺壁聖徳太子伝」を典拠としたと記しています。つまり後世の太子像形成に重要な役割をはたした『伝暦』には、四天王寺絵堂太子絵伝の内容が収録されているのです。

この奈良時代の四天王寺絵伝はその後焼失しますが、のちに再建される絵堂の太子絵伝も、その伝統を引き継ぐ最も由緒ある絵伝として、常に規範的な存在でありました。中世には太子伝・絵伝制作の一大拠点として、絵堂はさらに重要な役割を果たしていきます。このように四天王寺絵堂の絵伝は、太子信仰を流布するうえで極めて大きな影響を及ぼしていったのです。

6 最澄と四天王寺

奈良時代末期から平安時代初期にかけての四天王寺の歴史は、史料的にも空白となっており詳しいことはあまり明らかになっていません。そのような中で、九世紀初頭になると、四天王寺が天台宗との関わりを強くしていく様子がうかがわれます。その契機となったのが、日本天台宗の開祖、伝教大師最澄の四天王寺参詣です。

弘仁七年（八一六）、最澄は四天王寺の聖徳太子廟を参拝し、一首の詩を太子に捧げられました。「海内に縁力を求め、心を聖徳宮に帰す。我今妙法を弘め、師の教え窮まり無からしめん。両樹、春に随って別れ、三卉節に応じて同しきなり。願わくは唯、国の教えをして、加護し興隆を助けしめよ。〔私は日本で法縁を得て心を太子に捧げ、法華経を弘め太子の教えを永遠のものとしようと思います。春に大樹が成長して枝分かれするように、仏教は様々な流派に分かれていきます。しかし、諸々の草が雨の潤いを同じく受けるように、仏教においても教法や信奉する教義が違っても、また理解の度合いが違っても、太子が万善同帰といわれるように一条の法界に達します。どうか私が弘めようとしている国の教え（法華一乗）を加護し興隆をお守りください」」（『伝述一心戒文』／〔訳文〕瀧藤尊教『聖徳太子の信仰と思想』一九九八年）。

奈良時代後半以降、太子が、中国天台宗の開祖智顗《ちぎ》の師、南岳大師慧思《なんがくだいしえし》の生まれ変わりであるという伝承（南岳慧思後身説）が流行していました。最澄は、中国天台宗第二祖の後身であり、わが国に法華経を弘めた太子への尊崇の念とともに、その教えを継承する天台宗の加護と興隆を太子の御霊に願ったのです。その背景には、天台宗こそが太子の弘めた護国仏教の正統な継承者であるという強い自負心が垣間見られます。

さらに最澄は、同じ年に六時堂及び椎寺（かつて四天王寺北側にあった寺院）境内に薬師院を建立しました。四天王寺には、もとは薬師であった可能性が指摘される阿弥陀如来坐像が伝来しています。薬師院が建立された九世紀前半の制作とみられることから、その関連を示唆する意見も出されており、四天王寺における最澄在命期の仏像として大変貴重なものです。

この最澄の参詣以降、四天王寺における安居《あんご》（四月から七月にかけて経典の講説などを行う修行）の講師を弟子の光定《こうじょう》や円仁《えんにん》・円珍《えんちん》が務めるなど、天台宗との宗教的な関わりを強めていきます。さらに寺のトップに当たる別当職についても、承和二年（八三五）の初代円行《えんぎょう》以降しばらくの間は真言宗僧が任命されているものの、康保元年（九六四）補任《ぶにん》の乗恵《じょうえ》以降は天台僧に固定されており、人事上においても天台宗に帰属していくことになります。このような四天王寺の天台化は、後の四天王寺信仰にも大きな影響を与えていくことになるのです。

阿弥陀三尊像のうち　木造 阿弥陀如来坐像（重文）

7 承和・天徳の火災

太子創建以来、大伽藍を成した四天王寺でしたが、九世紀から十世紀にかけて堂塔の火災を経験することになります。

初めての被害は、承和三年(八三六)の五重塔への霹靂《へきれき》(落雷)でした。塔の心柱が折れてしまうほどの被害で、倒壊に近い状況であったことが推察されます。さらにこの時、心柱の底に納められていた聖徳太子の御髪四把が盗まれたといい、混乱の様子がうかがえます。

このの ち五重塔は再建され、二代目の塔が建ちました。先述のように『上宮太子拾遺記』により、再建五重塔の心柱四面には仏像が安置されていたことがわかっています。このうち西方の阿弥陀三尊には「舞児」が伴っていたといい、四天王寺に伝来する片足を上げる珍しい姿の菩薩像を、この「舞児」に比定する意見があります。

これ以上に甚大な被害をもたらしたのが、天徳四年(九六〇)三月十七日の火災でした。記録上では『日本紀略』に「難波天王寺焼亡」との一文があるだけです。しかし戦後の境内の発掘調査により、南大門《なんだいもん》から食堂《じきどう》に至るまで、講堂以外の主要伽藍のほとんどを焼失したことが判明しています。創建期の大伽藍が一時にして失われてしまったのです。

講堂においては、発掘調査で焼けた痕跡が確認されず、この火災での被害は逃れたようです。火災に遭わなかったため、講堂跡からは完全な形の鴟尾《しび》や風鐸などの屋根の飾り、さらに屋根の軒隅が落下して地面に突き刺さった状態で発見されるなど、貴重な出土品をもたらしました。特に軒隅の遺構は、古代の扇棰《おうぎだるき》（屋根の垂木を扇状に配置する建築様式）の痕跡として建築史上極めて重要な資料であることから、石膏型を取って現在も保存されています。

五重塔「舞児」の可能性のある菩薩像
（重文・阿弥陀三尊像のうち）

この天徳の火災による伽藍再建については、明確な記録はないものの、復興への道をゆっくりと歩んだものとみられます。東楽舎付近の平安時代の地層からは、講堂大棟に載っていた立派な鬼瓦が見つかっており、再建時の伽藍の足跡がうかがえます。長保二年（一〇〇〇）に、東三条院詮子が四天王寺を参詣しており、この時には一応の再建が終わっていたようですが、十一世紀に入ってからも継続的に伽藍の復興・整備が行われていたことが、治安元年（一〇二一）や長久年中（一〇四〇～四四）の年紀のある出土瓦から示唆されます。

講堂大棟に載っていたとみられる一角鬼面文瓦（重文）

これらの被災と再建事業により、お寺は相当に疲弊していたことは想像に難くありません。そのような中、寛弘四年（一〇〇七）、金堂内より一巻の文書が発見されます。そこには太子自身の言葉が手形とともに記されていました。この文書の出現によって、四天王寺は大きな転機を迎えることになるのです。

8 『四天王寺縁起』の出現①

千四百年におよぶ四天王寺の歴史において、最も重要な宝物を一つあげよと言われれば、私は迷わず『四天王寺縁起』(根本本)と答えるでしょう。この文書の出現により、四天王寺は浄土信仰など新たな信仰とともに霊地としての存在価値を高め、貴族をはじめ民衆の参詣を促し、天徳の火災で疲弊した寺を立て直して「聖徳太子の寺」の地位を確固たるものとしました。四天王寺史が『縁起』出現の前と後に分けられるほどの強烈なインパクトを与え、以後の四天王寺繁栄の礎を築いたのです。

『四天王寺縁起』は、寛弘四年(一〇〇七)八月一日、慈運(慈蓮とも)という四天王寺の僧によって金堂の金六重塔より発見されました(「東大寺宗性上人筆写本奥書」)。巻末には「乙卯歳正月八日/皇太子仏子勝鬘」という年紀と聖徳太子の署名とともに、本文全体に真筆を証する二十六の左手の手形が捺されています(ゆえに『御手印縁起』とも呼ばれます)。「乙卯歳」は推古天皇三年(五九五)、「皇太子仏子勝鬘」は聖徳太子を示し、末尾にはみだりに閲覧することを禁じる一文を附しており、太子自筆の秘文であることを否応なく印象付けます。

『縁起』は、A＝四天王寺の寺名の由来や創建の経緯、B＝堂塔の規模や安置の仏像・寺領など資材の一覧、C＝太子の本願と四天王寺を構成する四箇《しか》院《いん》（敬田院《きょうでんいん》・施薬院《せやくいん》・療病院《りょうびょういん》・悲田院《ひでんいん》）の縁起、の大きく三つの内容によって構成されます。

Aは浄土信仰隆盛の要因となる「宝塔金堂相当極楽土東門中心」の一文や、五重塔への髻髪《けいはつ》の納入など、以後の信仰に多大な影響を与えた部分です。Bでは創建期の四天王寺の全容を記し、Cでは予言的内容とともに敬田院（四

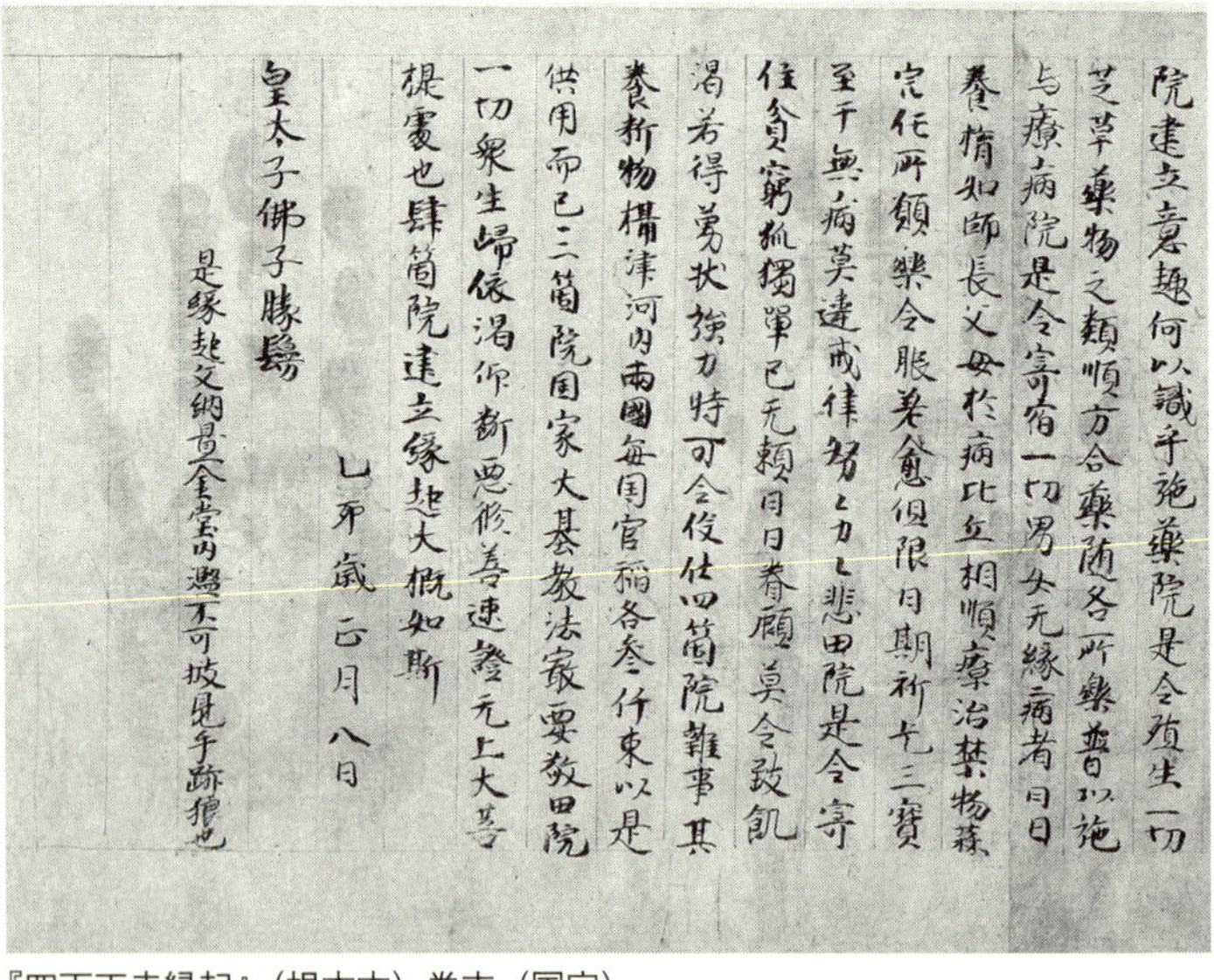

『四天王寺縁起』（根本本）巻末（国宝）

天王寺）への帰依と四箇院建立の意図を説いています。

この『縁起』については、江戸後期から今日に至るまで多くの研究が蓄積されてきました。実のところ、現在では『縁起』が聖徳太子直筆であることは否定され、本書が発見された寛弘四年頃に太子に仮託して撰述されたものと考えられています。しかしここで重要なのは、その真偽云々ではなく、本書が発見以来永く太子真筆であると信じられ、諸本に引用されて広く流布し、それによって四天王寺が太子信仰の霊場としての隆盛を実現したという点にあります。

この「太子自筆」の『縁起』に紡がれる言葉は、すなわち太子の肉声そのものとして受け入れられました。当時の社会や四天王寺の情勢と、現世に大きな不安を抱える民衆、それらをすべて見通したかのように語る太子の言葉により、人々は救いの場を四天王寺に求めていくのでした。

金堂内の金六重の塔（戦後の復興塔）

9『四天王寺縁起』の出現②——信仰への影響——

『四天王寺縁起』に何が書かれているのか（太子が何を語ったのか）、そしてそれが四天王寺の信仰とどのように結びついたのかを具体的に見ていくことにしましょう。

まず『縁起』の冒頭には、敬田院（四天王寺）の建つ「場」について述べられています。敬田院内には、この地を守護する青龍の住まう荒陵池があり、東に流れるその麗水を「白石玉出水」と名付けたといいます。境内の東には亀井があり、ここに湧き出た水は境内の東に向かって流れています。亀井堂は現在も亡者を供養する経木流しの場として信仰を集めていますが、これは「白石玉出水の湧き出る場」という由緒に基づくものなのです。

続いて石鳥居扁額の典拠ともなる「宝塔金堂相当極楽土東門中心」の一文により、四天王寺の宝塔（五重塔）と金堂が極楽の東門に当たるということを説きます。つまり四天王寺を出て西へまっすぐ進むと、西方極楽浄土の東門に到着するというのです。この記述によって、四天王寺の西門が極楽の入口であるとの信仰が生まれ、浄土信仰の聖地としての隆盛に繫がっていきます（一四六頁参照）。

次に太子は、五重塔の心柱に「髻髪六毛仏舎利六粒」を納めたと述べます。五重塔は、本来釈迦の遺骨である仏舎利を祀るための建物にもかかわらず、太子は仏舎利六粒とともに自身の髪の毛六本を一緒に籠《こ》めたというのです。これは釈迦と太子が同等の存在であるこ

四天王寺　五重塔（昭和34年再建）

とを表明するものといえるでしょう。さらにこの塔の露盤《ろばん》（相輪の台座部分）には、受け継がれてきた仏教の教えの興亡の様相を、太子自ら刻み記したと述べます。釈迦を祀る五重塔が、太子聖跡としての性格も帯びるようになるのです。

続いて「金堂内に金銅救世観音像を安置す」と述べ、さらにこの観音像は「私（太子）が亡くなった後に、百済王が恋慕渇仰してつくった」ものであるといいます。つまり百済請来という由緒に加え、その造立を太子が予言していたという新たな価値を付加したことになります。また、それ以前は「弥勒」と呼ばれていた像を「救世観音」であると明示しました。太子は救世観音の化身ですから、金堂もまた太子礼拝の場として位置づけることになるのです。

そして四箇院建立の趣意で、『縁起』は締め括られます。四箇院に関する記述は、『日本書紀』や『聖徳太子伝暦』にはなく、『縁起』が初出とみられます。この箇所は、当時すでに成立していた四箇院という組織を太子の言葉によって再定義し、太子の本願に基づく慈善救済事業の実践の場として、その存在意義を明確に示したものと考えてよいでしょう。

このように、建物や本尊・四箇院など四天王寺を構成するすべてを太子に帰結させることによって、まごうことのない「聖徳太子の霊場」という地位を確立するに至ります。

10 『四天王寺縁起』の出現③——太子の予言書として——

『四天王寺縁起』は寺の由緒だけではなく、寺の規模や仏像の一覧を記した資財帳、そして太子の事績を記す太子伝としての側面がありますが、もう一つ「太子の予言書」つまり「太子未来記」という特殊な側面を有しています。

過去の偉人が未来を予言したものを、日本では「未来記」といいます。予言書の作者は、その「言葉」に誰もが納得する人物でなければなりません。聖徳太子は、『日本書紀』に「未然を知る」人物とあるほか、『聖徳太子伝暦』にも未来を予見する人物として描かれており、予言者としての資質を有していたことは早くから知られていました。加えて、南岳大師慧思の生まれかわりであり、優れた政治家であり、観音の化身とまで言われる太子は、まさに予言者としてうってつけの存在なのです。

太子に仮託した「太子未来記」は、中世〜近世において特に流行し、数多く生み出されました。なかでも、「太子が自ら未来を語る」形の初めての書物がこの『縁起』であり、いうなれば『縁起』は「太子未来記」の原型ということができるのです。

では『縁起』において具体的にどのような予言がなされたのでしょうか。ここにすべてを記すことはできませんが、その一例をご紹介しましょう。

太子は次のように語ります。

「私が亡くなった後、国王あるいは后妃に生まれ、多数の寺塔を国内各所に建立して仏菩薩像を安置し、幾多の経典類を書写し、数多くの資財や宝物、田園を施入する者が現れるだろう。あるいは僧侶・長者・卑賤の身に生まれ、教法を弘め興し、有情(=あらゆる生き物)を救済する者がいるだろう。このような人物は他でもない私(の生まれ変わり)である」

太子亡き後、「国王」つまり天皇などの国家権力者で、大規模な寺院建立や仏像を造立する者、あるいは僧侶や長者・貧しい者にあって仏教を広め、衆生を救済する者が現れればそれは太子の生まれ変わりなのであると述べています。

一説に、『縁起』出現当時の権力者であった藤原道長を意識して書かれたともいわれる箇所ですが、後世のどの時代においても、権力者に限らずいかなる身分であろうとも、仏教を興隆する者は太子の後身であると、広く解釈する方が自然でしょう。この一節によって、仏教に帰依するあらゆる階級の人々が、「もしかしたら自分は太子の生まれ変わりかもしれない」という自覚を抱くことになり、その実践の形として自発的な四天王寺への信仰・文援につながっていくのです。

『縁起』にはこういった文章が各所に見られ、寺院を長く維持していくために、きわめて戦略的に構成されたものであることがわかります。このように『縁起』は、四天王寺の「太子の寺」としての地位を確立させるとともに、未来永劫にわたって同寺が繁栄するよう意図されているのです。そして太子が語った通り、今日に至ってもなお「太子の寺」として篤い信仰を集めています。

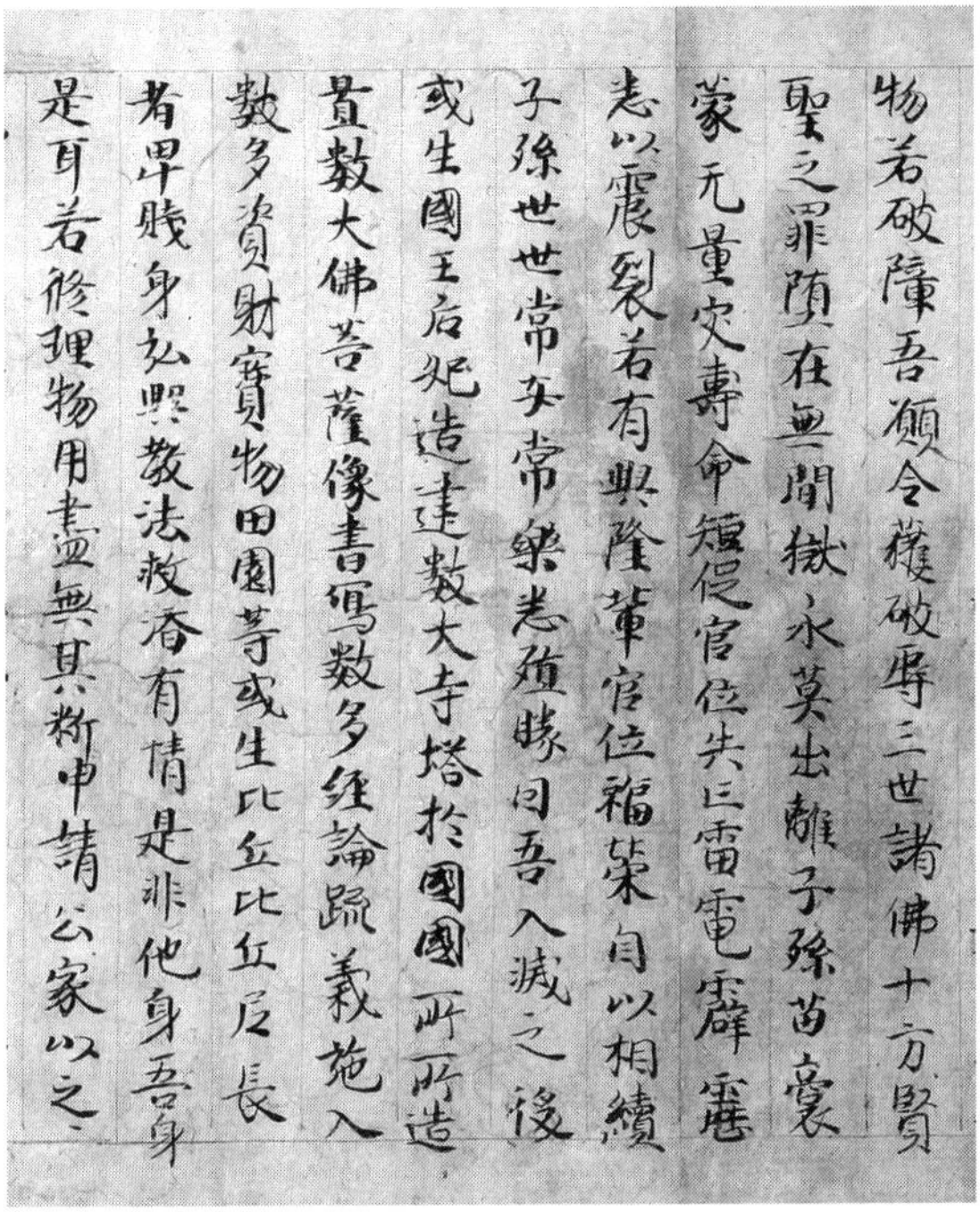
物若破壊吾願令獲破辱三世諸佛十方賢
聖之罪堕在無間獄永莫出離子孫苗裔
蒙无量灾寿命短促官位失亡雷電霹靂
悉以震裂若有興隆輩官位福榮自以相續
子孫世世常安常楽悉殖勝因吾入滅之後
或生国王后妃造建数大寺塔於国国所所造
置数大佛菩薩像書写数多経論疏義施入
数多資財寶物田園等或生比丘比丘尼長
者卑賤身弘興教法救済有情是非他身吾身
是耳若修理物用盡無其断中請公家以之

『四天王寺縁起』（五行目下から本文の予言部分）

11 貴族の参詣

『四天王寺縁起』の出現により、四天王寺の霊地化が進み、特に西門での浄土信仰の隆盛によって、貴賤を問わない幅広い支持を獲得しました（一四六頁参照）。これに伴って、十一世紀初頭になると貴族らが頻繁に四天王寺を参詣するようになります。その早いものとしては、長保二年（一〇〇〇）、東三条院詮子《せんし》による四天王寺での法華経供養の記録があり、その後も、藤原道長をはじめとして、平安時代から中世に至るまで朝廷や貴顕《きけん》の参詣が途切れることはありませんでした。

貴族が四天王寺を参詣した際には、西門で西方を礼拝（念仏修行）し、金堂で舎利を拝し、聖霊院で絵解きを聴いて、亀井を巡拝するというルートが通例となっていたようです。さらに藤原頼長などは舎利礼拝の後に『四天王寺縁起』を読んでおり、宝蔵にて『縁起』を拝観するというのも貴族にとって大変なステータスでした。

十二世紀になると、白河院・鳥羽院・後白河院の度重なる参詣が特筆されます。久安五

扇面法華経冊子　観普賢経「雪の日の大饗」（国宝）

年（一一四九）に鳥羽院が西門に念仏三昧堂（念仏堂、西門外念仏堂）を建立しているほか、文治三年（一一八七）には、後白河院が四天王寺で灌頂堂（後の五智光院）を建立して灌頂を行っており、院との深い関わりが寺の発展を支えるうえで大きな影響を及ぼしたことは間違いありません。

また、こうした貴族の参詣に際して、様々な品が奉納されました。その代表が国宝「扇面法《せんめんほ》華経冊子《けきょうさっし》」です。二つ折りの扇形の紙を貼り合わせて冊子状にし、下絵には料紙装飾など当時の最先端の絵画技法を駆使した華麗なやまと絵風俗画を描いて、その上から経文を書写します。画題は、貴族の生活をはじめ、庶民の生活、子どもや動物の姿など多岐にわたり、平安時代後期の風俗画の展開を知る上でも大変貴重です。

この中の観普賢経「雪の日の大饗《だいきょう》」の場面が、仁平二年（一一五二）正月二十六日に、藤原頼長が氏の長者になって初めて行った大臣大饗の様子を描いたものと考えられていることや、また同年九月に、藤原忠実の娘である高陽院泰子が四天王寺にて盛大な舎利会とともに御経供養を行っていることから、この時期に「扇面法華経冊子」が制作され、四天王寺に奉納された可能性が指摘されています。

懸守（国宝）

同じく四天王寺に伝わる国宝「懸守」も、四天王寺参詣の折に、女性貴族によって奉納されたものとみられます。懸守は高貴な女性や子どもが外出の際に首から懸けて携帯するお守りで、四天王寺には七懸が伝来しており、いずれも鮮やかな錦と精緻な金銀の細工によって装飾された、まことに美しい工芸品です。近年の科学調査により、内部に精巧な仏像が納入されていることもわかっています。

これらは最高の材料・技術をもって作られた一級の品々です。参詣に際して奉納された宝物からは、当時の貴族にとって四天王寺参詣が特別な機会であったことがうかがわれます。

12 源頼朝の四天王寺参詣

前項でご紹介したように、貴顕の参詣が相次いだ四天王寺ですが、かの源頼朝が参詣していたことはあまり知られていないかもしれません。頼朝は建久元年（一一九〇）十一月、東大寺参詣のために上洛しており、その道中にて石清水八幡宮・左女牛《さめがい》八幡宮と四天王寺に参拝しています（『愚管抄』）。そして建久六年（一一九五）に再び上洛し、四天王寺を再訪しました。この時の記録は『吾妻鏡』に詳しく記されています。

同年五月二十日の卯刻（午前五～七時）、小雨の中、頼朝は京を出発します。洛中は御車で、鳥羽からは船に乗って淀川を下っていきました。一行は、先陣の随兵が畠山重忠以下二十六名、頼朝の御車、その後に水干《すいかん》が十四名、後陣の随兵が二十六名、そして和田義盛が末尾に続くという、総勢七十名近くの大行列でありました。

午刻（午前十一時～午後一時）に四天王寺に到着すると、まず西大門と鳥居の間にあった念仏所に入り、礼仏の後、灌頂堂に入りました。当時、灌頂堂は金堂の東側に近接していましたので、四天王寺に到着した頼朝は、西大門から金堂での礼仏を経て、灌頂堂に向かったものとみられます。その灌頂堂では、後白河法皇の皇子で園城寺長吏であった定恵《じょうえ》法親王に拝謁しています。

頼朝が定恵に謁見した際、「善光寺仏を拝む機会が二度あり、初めてその印相を見たときは定印であったが、二度目に見たときは来迎の印であった。古来この仏は印相が定まらないと聞いていたが、まさしくその証を見た」と語り、定恵がたいそう感心したという逸話が『古今著聞集』に記されます。四天王寺に来て善光寺仏の話をするというのはやや唐突な感がありますが、室町時代の『看聞御記』によると、四天王寺の西門外の念仏堂に隣接する善光庵に善光寺如来像が安置されていたというので、頼朝もその善光寺如来を拝観し、その感想を述べたものと推測されます。

さて面談の後、頼朝は四天王寺の重宝を拝見し、旅宿に入りました。この参詣で頼朝は、太子の聖霊に対して銀刀装金具の剣を奉納し宝蔵に納め、定恵には糟毛《かすげ》の馬一頭を寄進し、絹布の類を寺中の僧徒に施しています。そして翌二十一日には四天王寺を発って帰洛の途に就きました。

この時の参詣の目的は、頼朝の娘大姫の入内《じゅだい》と姫の健康を願う祈禱であったと指摘されています。聖徳太子の御霊に祈願すべく、頼朝自ら四天王寺を訪れたのでしょう。頼朝の参詣は記録上二度だけですが、現在、聖霊会の道行《みちゆき》で用いている「八部衆」の行道面《ぎょうどうめん》は頼朝寄進と伝承されるなど、後世にも少なからず影響を残しています。

源頼朝寄進と伝承される「天龍八部衆面」
行道面「阿修羅」

13 山門と寺門の対立

四天王寺の別当職は、「僧侶無双之恩任」と称され、天台座主に次ぐほどの要職でした。平安時代以降、天台宗は山門（延暦寺）と寺門（園城寺）の二派に分裂しており、それぞれが聖徳太子との関係を主張して自派を正統化するため、その霊場である四天王寺を傘下に収めようとしました。これにより四天王寺別当のポストを長きにわたって争奪することになります。

当初は初代の円行をはじめ真言宗僧が別当を務めましたが、康保元年（九六四）に乗恵《じょうえ》が補任されて以後は延暦寺系の僧が別当につき、長保二年（一〇〇〇）に園城寺慶算《けいさん》が補任されてからは山門と寺門が交互に就任するようになります（次頁図）。しかし、天喜五年（一〇五七）補任の済算《せいさん》以降、覚性入道親王《かくしょうにゅうどうしんのう》が補任されたのを除けば、治承四年（一一八〇）に山門の明雲《みょううん》が任命されるまで、実に百二十年以上にわたり寺門が別当職をほぼ独占しています。明雲の後には再度、寺門の定恵が補任されましたが、その際には寺門派が、今後は四天王寺別当職を園城寺系から出すように請い、後白河法皇の院宣により、当別当職を寺門派平等院に付属させることに成功しています。

四天王寺歴代別当

（『四天王寺別当次第』より）

円行（東寺）…乗恵（山）―弘穏（山）―乗恵（山）〈再〉―
安法（山）―清胤（山）―忠暹（山）―延源（山）―慶算（寺）―
蓮海（山）―道命（山）―定基（寺）―教円（山）―延円（山）―
頼寿（山）―斉祇（寺）―源永（寺）―明快（山）―桓舜（山）―
済算（寺）―覚助（寺）―良昭（寺）―永覚（寺）―覚猷（寺）―
増誉（寺）―増賢（寺）―行尊（寺）―行慶（寺）―道恵（寺）―
覚性（仁和寺）―道恵（寺）〈再〉―円恵（寺）―明雲（山）―
定恵（寺）―実慶（寺）―慈円（山）―真性（山）―慈円（山）〈再〉―
尊性（山・妙法院）―良快（山）―尊性（山）〈再〉―慈源（山）―
仁助（寺）―円助（寺）―叡尊（真言律宗）…

※（山）＝山門　（寺）＝寺門　〈再〉＝再任

鎌倉時代に入ると、この抗争はさらに激化します。承元元年（一二〇七）に山門の慈円が別当に補任されると、先の院宣に背くとして、園城寺衆徒が蜂起する騒動にまで発展しています。慈円以降はしばらく山門が続きますが、この間も寺門派が仏事の放棄や、蜂起するなど激しい抗議が続けられました。

このような別当をめぐる紛争によって四天王寺内も山門・寺門の支持者で分裂し、寺家内部にも暗い影を落としました。文暦元年（一二三四）、尊性の別当再任に関わった当時の執行《しぎょう》明順《みょうじゅん》が、前執行で甥でもある円順一派に暗殺されるという事件が勃発しています。この他にも寺の実務を担う執行職を巡って党争が続き、嘉禎三年（一二三七）には、明順側の覚順らが悪党を率いて寺中に乱入し、警護にあたっていた検非違使との間で合戦となり、寺中に死骸が充満するほどの死傷者を出したといいます。この後も、別当が決まるたび、それを不服として、もう一方が神輿を動かして強訴《ごうそ》を繰り返すような状況が内外から続けられました。

このような長きにわたる紛争をみかねて、全くの他派から誰もが納得する当代随一の高僧（世一の僧）を別当にすることが望まれます。そして弘安七年（一二八四）、朝廷と幕府との合意により、院宣をもって西大寺の叡尊《えいそん》が別当に就任します。これによってひとまず、山門・寺門の四天王寺別当を巡る抗争は収束することになります。

14 別当慈円

中世四天王寺における重要な人物として慈円（一一五五～一二二五）があげられます。別当就任期間は十三年と他の別当に比して決して長くはありませんが、中世四天王寺史に大きな足跡を残しました。

慈円は、関白藤原忠通と、藤原仲光の娘加賀のもとに生まれ、異母兄に藤原基実・基房、同母兄にはのちに関白となる九条兼実らがいます。仁安二年（一一六七）、十三歳に時の延暦寺座主明雲を戒師として出家・得度し、父親代わりとなって彼を支えた実兄の九条兼実の支援もあり、建久三年（一一九二）には天台座主に就任しています。慈円はこののち四度にわたって、座主を務めました。

承元元年（一二〇七）十一月三十日、四天王寺別当実慶死去に伴い、第五十二代の別当に就任しますが、わずか一年で真性に別当職を譲っています。そして建保元年（一二一三）十二月十三日、慈円は四天王寺別当に還補されます。この二度目の補任では、嘉禄元年（一二二五）に没するまでの十二年間別当を務めました。

慈円はかねてより聖徳太子に深く帰依しており、四天王寺別当を引き受けた背景には、単に名声だけではなく、純真な太子奉賛の念がありました。建保七年（一二一九）正月には、太子に捧げる百首の和歌を聖霊院に奉納しています。

四天王寺での慈円の最も大きな功績は、伽藍の修造と絵堂の再建でしょう。山門・寺門の対立に伴う蜂起などにより、別当実慶の頃には四天王寺の伽藍はかなり荒廃していたようです。二度目の四天王寺別当に就いた頃、老病におかされていた慈円は、建保二年に四度務めた天台座主を辞任していますが、四天王寺の別当職はそのまま継続しました。荒廃した四天王寺の惨状を目の当たりにし、「自分がこれを離れたならばこの寺は滅亡するであろう」と、伽藍修造並びに絵堂再建を決意するのでした。

特に太子崇拝の念の篤い慈円にとって、絵堂の再建は最も重要な事業でありました。奈良時代以来、わが国の太子信仰発信拠点として重要な役割を果たしてきた絵堂でしたが、別当行慶の頃（一一三五～一一五八）には荒廃して傾倒し、聖霊院礼堂の東廂をもって代用していたといいます。慈円の尽力により貞応三年（一二二四）に再建なった絵堂には、当代屈指の絵師尊智が「本様を守り伝文に依って」描いた聖徳太子絵伝が納められ、その裏には九品《くほん》往生図と、九人の歌人による九品詩歌が描きこまれました。この両図は四天王寺を支える太子信仰と浄土信仰を象徴するものであり、ここに四天王寺信仰を表出する唯一無二の信仰空間が出来上がったのです。その構成には、太子への崇敬とともに熱心な浄土信者でもあった慈円の意向が色濃く反映されたものとみられます。慈円再建絵堂は、以後「四天王寺絵堂の規範」として継承されていくことになります。

絵堂再建を見届けた慈円は、嘉禄元年九月二十五日、七十一歳で遷化《せんげ》。この十三年後、四条天皇より「慈鎮和尚」の謚号《しごう》を賜っています。

慈円（「肖像画粉本」より）

15 叡尊と忍性

「山門と寺門の対立」で述べたように、四天王寺を巡る山門（延暦寺）と寺門（園城寺）の争いにより、寺は荒廃の一途をたどります。聖徳太子ゆかりの「仏法最初」の大寺が諸寺の末寺となって翻弄されるさまは、朝廷や鎌倉幕府も傍観するわけにはいかなかったようです。叡尊《えいそん》の自伝『感身学正記《かんしんがくしょうき》』に引用される『太子御記文《たいしごきもん》』に、四天王寺の別当には当代随一の「世一の僧」がなるべきと説かれていることからも、この混乱を収める高名な僧侶が求められました。そこで白羽の矢が立ったのが、西大寺を再興した真言律宗の叡尊と、その弟子の忍性《にんしょう》でした。

四天王寺別当をめぐる相次ぐ騒擾《そうじょう》を危惧し、弘安七年（一二八四）、叡尊の四天王寺別当補任の院宣が下されます。叡尊は一旦これを固辞したものの再び院宣が下ったことから、「身命を惜しまず、名聞を求めず、ただ興法利生（仏教を興し、他者を救済すること）を願うのみ」と、院宣を受け入れ別当に就任します。四天王寺に入った叡尊は、太子創建の敬田

忍性造立の石鳥居

院に結界して七百三十人に菩薩戒を授け、四天王寺を戒律の道場として再興しました。

叡尊が老齢などにより二年で別当を辞して後は、三代にわたって山門から別当が出されましたが、この間も寺門の蜂起など対立が再燃したため、再度幕府の意向により「世一の僧」忍性が推挙されます。

忍性は、当時激しい差別を受けていたハンセン病患者の療養施設である北山十八間戸の建立など、社会福祉活動を積極的に行っていました。永仁二年（一二九四）に別当に就任した忍性は、私財をなげうって悲田院・敬田院の再興に着手します。四箇院を興隆した聖徳太子への敬愛から、その継承を四天王寺別当である自身の使命と位置付けたのでしょう。また同年、経年により朽ちていた西大門外の木造の鳥居を、石造に改めたことが知られています。忍性は石工や鋳物師ら工人組織と緊密な関係を築いており、木造の鳥居を石造に改めたのにも石工との関係の強さがうかがわれます。

叡尊と忍性は、貧病人を救済するとされる文殊菩薩への信仰に基づき、ハンセン病患者をはじめとする弱者救済と殺生禁断を、仏者として自身の信念としていました。そして、聖徳太子の四箇院興隆による慈善救済の業績に深い感銘を受け、太子尊崇の念を篤くします。両祖の信仰は真言律宗における太子信仰として結実し、近年、鎌倉時代後半における太子信仰の宣揚に、同宗が大きな役割を果たしたことが指摘されています。

四天王寺の根幹である敬田院を戒律の道場として整備した叡尊。これを引き継ぎ敬田院とともに弱者救済の場としての悲田院を再興した忍性。この二人の業績は、太子の精神に基づく「仏教興隆と社会福祉の実践」という、四天王寺が社会の中で果たすべき役割を決定づけることになります。

16 蓮華蔵院と芹田坊

四天王寺のような大きな寺院は、「坊」や「院」と呼ばれる小寺院が集まって構成されています。中世における四天王寺の寺院構造についてはほとんど解明されていませんが、四天王寺の中に、蓮華蔵院《れんげぞういん》と芹田坊《せりたぼう》という寺院が存在していたことが断片的な史料から知られます。この両院は特に『聖徳太子伝』の相伝において重要な役割を果たしていたと考えられています。

栃木・輪王寺に伝わる『太子伝』は、応永十二年（一四〇五）に、先述した蓮華蔵院内の護摩堂にて書写されたもので（巻七奥書）、この太子伝が「四天王寺芹田坊の秘伝」であり、「院内より出してはならず、起請文をもってただ一人に付属させるべき書である」と記されています（巻八奥書）。さらに、寛正三年（一四六二）の奥書がある愛知・万徳寺蔵『聖徳太子伝』にも、同じく「この伝は芹田坊の秘伝であり、四天王寺東門村蓮華蔵院護摩堂にて書写した」と記されています。

ここに挙げた諸本は、中世においてかなり広範に流布したとみられ、以後の太子伝の展開に大きな影響を与えました。つまり、こうした太子伝を相伝していた蓮華蔵院や芹田坊は、中世を代表する太子伝の発信拠点であったといえるのです。

万徳寺本奥書にある「東門村」は、現在の大阪市天王寺区勝山一丁目付近にあった中世の村で、蓮華蔵院が四天王寺の境外に存在していたことがわかります。また、この蓮華蔵院の本尊であった美しい如意輪観音坐像が奈良国立博物館の所蔵として現存していますが（一九一頁参照）、それ以外のことは今のところ謎に包まれたままです。

芹田坊の関連では、一つの厨子に地蔵菩薩と阿弥陀如来が並立する本尊像が四天王寺本坊に伝存しています。芹田坊は地蔵と阿弥陀を本尊とすることから、「地弥院《じみいん》」とも呼ばれていました。

慶長六年（一六〇一）には四天王寺を構成する衆徒《しゅと》として名を連ねる芹田坊ですが、慶安五年（一六五二）頃には坊自体は廃されていたようです。一方で、毎年正月四日には、三﨟《さんろう》（四天王寺の一舎利・二舎利に次ぐ要職）を担う僧侶の坊にて、芹田坊修正会が修されていたことが知られます。つまり、芹田坊自体はすでに存在しないにも関わらず、修正会の法要だけは行われているのです。このことは、四天王寺における芹田坊の重要性を示唆しているように思われます。

厨子入弥陀地蔵尊像（四天王寺本坊安置）

　ところで、中世の四天王寺においては、太子伝や絵伝を製作・相伝していた「絵所《えどころ》」と呼ばれる組織の存在が指摘されています。絵所は聖徳太子絵伝をはじめとする絵画制作にも重要な役割を果たしていたとみられ、美術史学を中心に大きな研究課題のひとつになっています。まだ確証はありませんが、太子伝の相伝拠点であった蓮華蔵院や芹田坊と四天王寺絵所が深く関わっているように思われ、この両院の実態究明によって、四天王寺絵所の謎が解き明かされるのではと考えています。

17 南北朝の動乱と四天王寺

激動の時代の中心に身を置いた人々は、自身の目的を達成するため強い信念をもって行動します。ただ、それでも何かにすがりたいというのが人の性です。そのよすがとなったのが神仏であり、そして聖徳太子でした。

南北朝の動乱を描いた『太平記』。同書には四天王寺がたびたび登場しますが、なかでも有名なのが楠木正成の「未来記」披見の逸話でしょう。元弘二年（一三三二／史実では元徳二年＝一三三〇）、正成は四天王寺に入り、長老の寺僧に太子が著したとされる予言書「未来記」を拝見したいと申し出ました。特別の計らいにより「未来記」を拝した正成は、そこに次の一文を見出します。

人王九十六代に当たつて、天下一たび乱れて、主安からず。この時、東魚来たつて四海を呑む。日西天に没すること三百七十余ヶ日、西鳥来たつて東魚を喰らふ。その後、海内一に帰すること三年、獼猴《みごう》の如くなる者天下を掠むること二十四年、大凶変じて

絵葉書「楠正成四天王寺ニ於テ士気ヲ鼓舞ス」（筆者蔵）

一元に帰す。

正成はこれを「後醍醐天皇の世に天下が乱れ、東の魚（関東の幕府・北条高時）が天下を飲みこもうとする。日が西天に没してから（後醍醐天皇が隠岐に流されてから）三百七十余日の後、西の鳥（新田義貞）が東の魚を食らう（倒す）」と解釈し、討幕が果たされて天皇の治天が近いことを確信するのでした（ただし、「未来記」ではそれに続いて、建武の新政が三年で崩壊し、足利尊氏が二十四年にわたって世を治めた後、凶事が一変してもとの平和に戻ることも予言しています）。

また、建武二年（一三三五）五月八日には、後醍醐天皇が四天王寺にて『四天王寺縁起』を閲覧しています。太子の本願に感銘を受けた天皇は、手ずから書写して正本とし、「太子の聖跡は何人の目にも触れさせるものではないので、こ

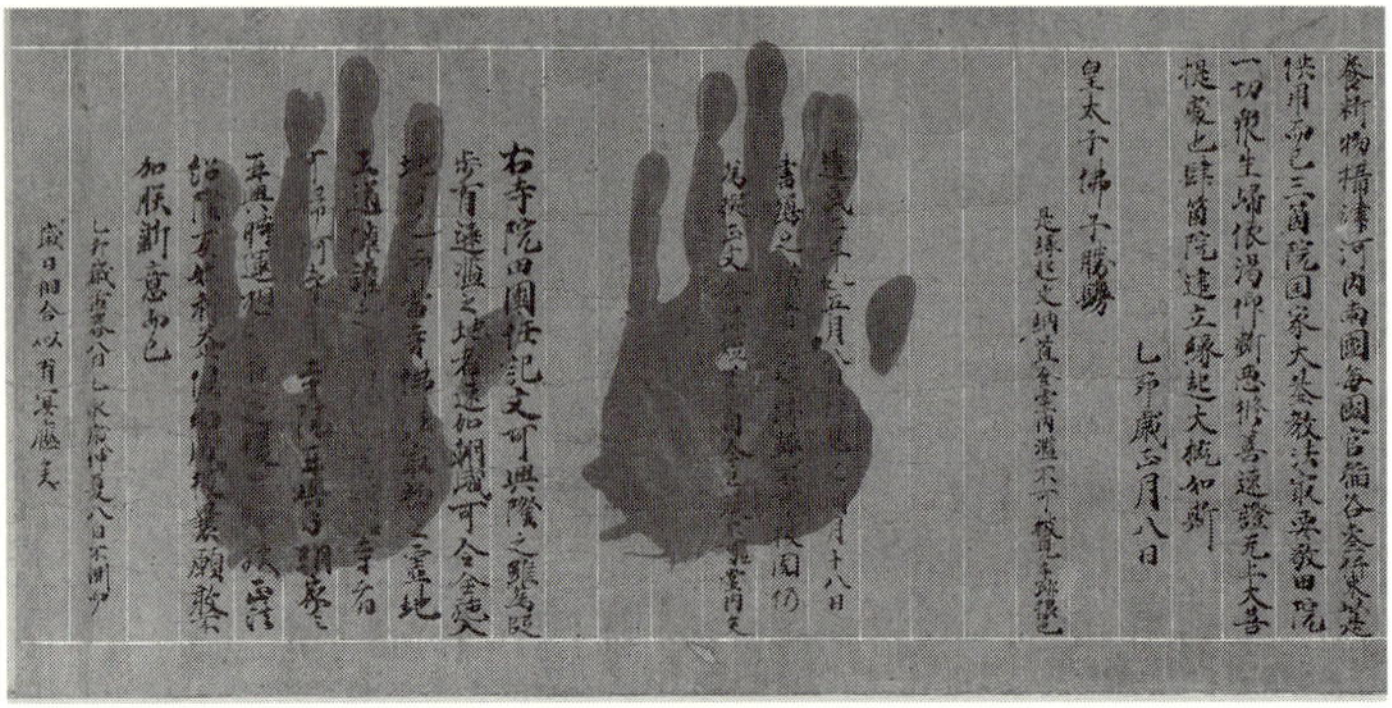

『四天王寺縁起』（後醍醐天皇宸翰本・国宝）

れよりのちは堂内から出してはならない」と奥書にしたためました。そして四天王寺を「仏法最初の霊場、王道擁護の壇場」と評し、朝廷復興のあかつきには、寺領の復興を果たすと誓願して、その想いを手印に込めたのです。仏教に深く帰依した後醍醐天皇にとって、自身の目指す理想の国づくりが太子の本願にかなうものであったことは、新しい国家を樹立するうえで大きな励みとなったことでしょう。

古の人々にとって四天王寺は、『四天王寺縁起』や「未来記」など聖徳太子ゆかりの品を通して「聖徳太子に出会う場所」でした。時代の転換を主導する立場となったとき、自身の行動の正当性を太子に託して確信し、精神的な支えとする。これもまた聖徳太子信仰のひとつのあり方といえるでしょう。

18 正平地震と四天王寺

正平十六年（一三六一）六月二十四日、畿内を巨大地震が襲いました。激しい大地の揺れは日夜とどまることがなく、山は崩れて谷を埋め、海底が隆起して陸地と化し、神社仏閣は倒壊し、計り知れない数の牛馬人民が死傷したといいます。

この正平地震（北朝の年号により康安地震とも）は、いわゆる南海トラフ沿いの巨大地震に当たるもので、畿内はじめ阿波（徳島）、土佐（高知）にも甚大な被害を及ぼしました。なかでも阿波国由岐の港では、にわかに山のような津波が押し寄せ、千七百余りの家屋が海底に沈み、住民や家畜に至るまで一人残らず海の藻屑となったと伝えられます。

また摂津難波の浦でも、急激な引き潮ののちに津波が襲来し、干潟で魚を拾っていた数百人の海人が流され、生きて帰る者は一人もいなかったといいます。

さらに『太平記』では、この地震の様子を次のように記しています。

暴風雨で空が暗くなると、難波浦の沖より二頭の大龍が現れて、天王寺の金堂の中へ入っていった。すると雷鳴がとどろき、雷光がきらめいて、まるで龍と四天王が戦っているかのようであった。龍が去る時、また大地が激しく揺れ、金堂が微塵に砕けた。しかし四天王は無傷であった。これは、聖徳太子ご安置の仏舎利を、龍王が持ち去ろうとするのを、仏法護持の四天王が阻んだものであろう。（現代語訳：筆者）

正平地震は、四天王寺金堂での龍と四天王の争いによって生じたというのです。もちろん多分に脚色が入っていますが、それでも悪天候の中、大地が激しく揺れ、金堂が崩れ去る様子が臨場感をもって伝わってきます。

四天王寺は、この地震で金堂が倒壊したほか、五重塔が傾いて九輪が落下するなどして、承仕《じょうじ》（寺の雑役を勤める者）ら五人が圧死する被害が出ています。正平地震を語る史料には、必ず四天王寺金堂倒壊のことが記されることから、震災を象徴するような出来事だったのでしょう。

この後、倒壊した金堂は、勅命によって般若寺僧である円海上人が復興することとなりました。般若寺は、四天王寺別当を務めた叡尊や忍性ゆかりの寺であることから、真言律宗と四天王寺との深い関わりがうかがわれます。金堂の再建はかなりのハイペースで進められたようで、同年九月二十四日には落慶供養が行われています。

南海トラフによる巨大地震は、五十年~百五十年の間隔で発生するといわれており、正平地震のあとには、明応地震（一四九八年）、宝永地震（一七〇七年）、安政地震（一八五四年）、昭和の地震（一九四四年、四六年）と続いていきます。このように歴史をたどってみると、昭和地震からすでに八十年が経過した現在、巨大地震がいつ起こっても不思議ではないことがよくわかります。

19 中世以前の天王寺舞楽

何事も、辺土は賤しく、
かたくななれども、
天王寺の舞楽のみ都に恥ぢず
吉田兼好『徒然草』第二百二十段

四天王寺の舞楽は、四天王寺に仕えた楽人によって脈々と伝承されてきたものです。舞楽を演奏する楽人集団を「楽所《がくそ》」といい、宮中の大内楽所、主に興福寺で演奏する南都楽所、そして四天王寺の天王寺楽所が、「三方楽所」として公武の奏楽を担ってきました。

舞楽における「舞」は、誰でも好きなものを舞えるわけではなく、曲によって専門的に継承する「家」が決まっており、父子相伝の形で伝えられてきました。例えば、天王寺であれば林・岡・薗・東儀の四家がこれに当たります。雅楽演奏家の東儀秀樹さんは、まさ

舞楽「採桑老」（平成26年篝の舞楽）

に天王寺楽人の末裔なのです。

　さて、天王寺舞楽を象徴する舞に「採桑老《さいそうろう》」があります。もとは大内楽所に伝えられていましたが、康和二年（一一〇〇）に、唯一の「採桑老」継承者であった多資忠《おおのすけただ》が殺害されてしまい、京での相伝が一度断絶した曲でした。しかし、この事件に先立って四天王寺に下向していた、多好《おおのよし》茂《もち》によって天王寺楽人の秦公信《はたのきみのぶ》に伝授され、その子公貞《きんさだ》へと引き継がれていたのです。

　元永元年（一一一八）三月三日、宇治・平等院の一切経会に出仕した公貞が、この「採桑老」を舞い、纏頭《てんとう》（褒美）を受けています。天王寺楽人の技能の高さがうかがわれる逸話です。そして、大内楽所での「採桑老」断絶を憂いた白河上皇の命によって、天王寺の公貞が資忠の子・近方《ちかかた》にあらためて伝授し、宮中での「採桑老」が復活したのでした。

大内・南都の楽人は下級武官として舞楽を家業とする人々でしたが、一方で天王寺楽所の楽人は、四天王寺という一寺院に仕える身分でした。このため、寺に隷属するという意味の「散所楽人」とも呼ばれ、大内・南都の楽人からは差別されていたといいます。天養元年（一一四四）には、ある大内楽所の楽人が、天王寺の楽人と同座したという理由で、大内楽所を追放されるという事件が起こるほどでした。

しかし、技と伝統は都の人々も一目置く存在でありました。冒頭の『徒然草』の一文はそれを端的にあらわしています。天正期（十六世紀末）頃には、その技量が認められ、他楽所とともに宮中の奏楽に携わっていたと推測されています。

さらに天王寺楽所の楽人は、各地の中小寺院の舞楽法要に招かれて舞楽を披露するとともに、現地の若者に舞楽を伝授し、その流布にも寄与しました。山形の慈恩寺や谷地八幡宮、静岡の山名神社など、現在も各地に天王寺楽人より相伝した舞楽に由来する舞楽芸能が伝承されています。

20 天正四年の兵火

四天王寺は、中世から近世への過渡期に、大きな兵火を二度経験しています。その最初が、天正四年（一五七六）のいわゆる石山合戦に伴う兵火です。戦国時代、最大の宗教的武装勢力を誇った本願寺と、それに危機感をもった織田信長との軍事的・政治的な衝突でした。

天文元年（一五三二）、細川晴元によって山科本願寺を焼き払われ、行き場を失った本願寺は、かつて蓮如の隠居先であった大坂御坊（石山御坊）に拠点を移し、大坂本願寺（「石山本願寺」は後世の呼称とされます）を構えました。この本願寺跡地にはのちに大坂城が築かれるように、交通の要所として、また軍事的要所として最適の立地でした。

すでに織田勢と二度にわたる合戦を繰り広げていた本願寺でしたが、天正四年、毛利輝元や上杉謙信と和議を結び、信長を包囲する体制が整うと、三度目の挙兵をします。対する信長は、本願寺を取り囲むように野田（福島区）、森河内（東大阪市）、そして天王寺に砦を築き、戦に備えました。

天王寺砦は現在の天王寺区民センターのすぐ北側、生玉寺町の月江寺の場所になります。ここを本陣とし、佐久間信栄《のぶひで》と明智光秀がひかえていました。一方で本願寺勢も、楼ノ岸《ろうのきし》砦《とりで》（中央区石町）や木津砦（西成区出城）を築き対抗します。

五月三日、織田勢が木津砦を攻めると、本願寺勢は一万の軍勢をもって織田軍を破り、勢いそのままに天王寺砦にせまりました。天王寺砦の光秀軍は、本願寺勢の猛攻により窮地に陥ります。光秀より援軍の要請を受けた信長は、急ごしらえで兵を募り、七日には信長自ら三千の兵を伴って、一万の本願寺勢に突撃し、これを撃破しました（天王寺合戦）。しかし、この五月三日の戦でまさに戦場となった四天王寺は、ことごとく伽藍を焼かれてしまったのです。

この時、寺を焼いたのは本願寺・織田いずれの側であったかという議論があります。四天王寺の史料では信長軍が伽藍に放火したとの記述が散見されますが、全体的にはむしろ本願寺勢による放火を示す史料の方が多くみられるようです。例えば醍醐寺・義演《ぎえん》の『義演准后日記』には、「一向衆徒が堂塔を残らず焼き払った」と記録されており、史料の客観的な評価では本願寺の軍勢によって焼かれたと考えられています。

いずれにせよ、この兵火により、鎌倉時代に高名な絵師尊智が描いた「聖徳太子絵伝」

現在の月江寺

をはじめ、各堂宇の仏像・仏具や平安時代以来の舞楽装束などが一瞬にして失われました。中世末期の四天王寺は大きな転換の時期をむかえることになるのです。

21 慶長の再建

天正四年（一五七六）五月三日の四天王寺伽藍焼失を受け、これを大いに嘆いた正親町《おおぎまち》天皇は、さっそく同月十日に綸旨を発して再建を命じます。しかし、実際に再建が動き出したのは、本能寺の変で信長が亡くなって以降であったようです。

天正十一年（一五八三）十一月、秋野来迎院・享順《きょうじゅん》による四天王寺再興の勧進をかわきりに、翌年、南都の絵師・吐田座《はんだざ》侍従が金堂におもむいて、本尊救世観音造立のために絵像を描くなど、再建への準備が進められていきました。天正十七年（一五八九）四月には、秀吉の正室・北政所が、四天王寺五重塔再建のために大工を法隆寺に派遣し、塔の指図を写させています。当初は、法隆寺五重塔を参考に新築する予定だったようですが、結果的に平群郡額田部（現在の奈良県大和郡山市）の額安寺の五重塔を移築しています。この事情ははっきりしませんが、工事の効率化に加えて、聖徳太子の創建になり、四天王寺別当を務めた叡尊・忍性とも深い関わりのある額安寺の由緒にちなんで、移築という方法をとっ

聖霊会所用　角盥

たのかもしれません。

文禄三年（一五九四）になると、伽藍の建造工事がはじまります。秀吉は、金堂・講堂・太子堂・六時堂・食堂・五重塔・仁王門・南大門・西門・万灯院・鐘楼・求聞持堂《ぐもんじどう》の造営について、必要な経費と担当奉行を指定し、各奉行がひとつの堂宇に専念することによって、工事の迅速化を図りました。四天王寺には、この指示書となる、秀吉自筆の「四天王寺造営目録」が残っています。

秀吉は慶長三年（一五九八）に亡くなりますが、その後は秀頼が事業を引き継ぎます。そして慶長五年（一六〇〇）三月二十七日、四天王寺は再建され、盛大な落慶供養が行われました。再建された伽藍は、それはそれは絢爛豪華なもので、相国寺僧・鶴峯宗松《かくほうそうしょう》は、「光り輝く瓦や朱塗りの金堂の美しさに驚愕した」と日記（『鹿苑目録』）に記しています。

この再建では、建物だけではなく、法要に用いる道具なども多く寄進されました。慶長四年（一五五九）銘のある行事鉦のほか、慶長十七年（一六一二）の箱書がある太平楽皆具など、慶長四年から十数年にわたって、継続的に舞楽所用具が新調されていったことがうかがえます。また、聖霊会などの大法会に用いられる角盥《つのだらい》や袈裟箱は、大ぶりな五七桐紋の入った高台寺蒔絵の作品で、豊臣家寄進であることを雄弁に物語っています。

残念ながら、この慶長再建時の伽藍は大坂の陣の兵火ですべて失われてしまい、その全貌を知ることはできません。しかし、巨大な鼉太鼓《だだいこ》や、太平楽皆具にみる豪華な装飾は、桃山時代の気風を今日に伝えています。

22 大坂冬の陣と四天王寺焼亡

四天王寺に一通の「禁制《きんぜい》」が遺されています。

これは、関ヶ原の合戦から四日後の慶長五年（一六〇〇）九月十九日に、徳川家康が四天王寺に発給したものです。寺領での狼藉《ろうぜき》や放火、農作物の搾取や竹木の伐採を禁じる内容ですが、実質的には四天王寺が家康の統制下に置かれたことを意味するものでした。豊臣秀吉亡き後、関ヶ原の合戦に勝利した家康は天下の実権を掌握し、その地位を強固なものとしていきました。四天王寺は豊臣家によって再建された寺ですから、いまだ「豊臣の寺」の印象が強い中、徳川の影響の広がりをまざまざと示す事例といえます。

慶長八年（一六〇三）に江戸幕府が成立し、慶長十年（一六〇五）には家康が将軍職を嫡子の秀忠に譲ることで、徳川家による政権の世襲を天下に知らしめました。これは、豊臣の世が徳川にとって代わったことを意味します。

一方で徳川にとって、安定した政権の妨げとなりうる豊臣の存在が次第に脅威となって

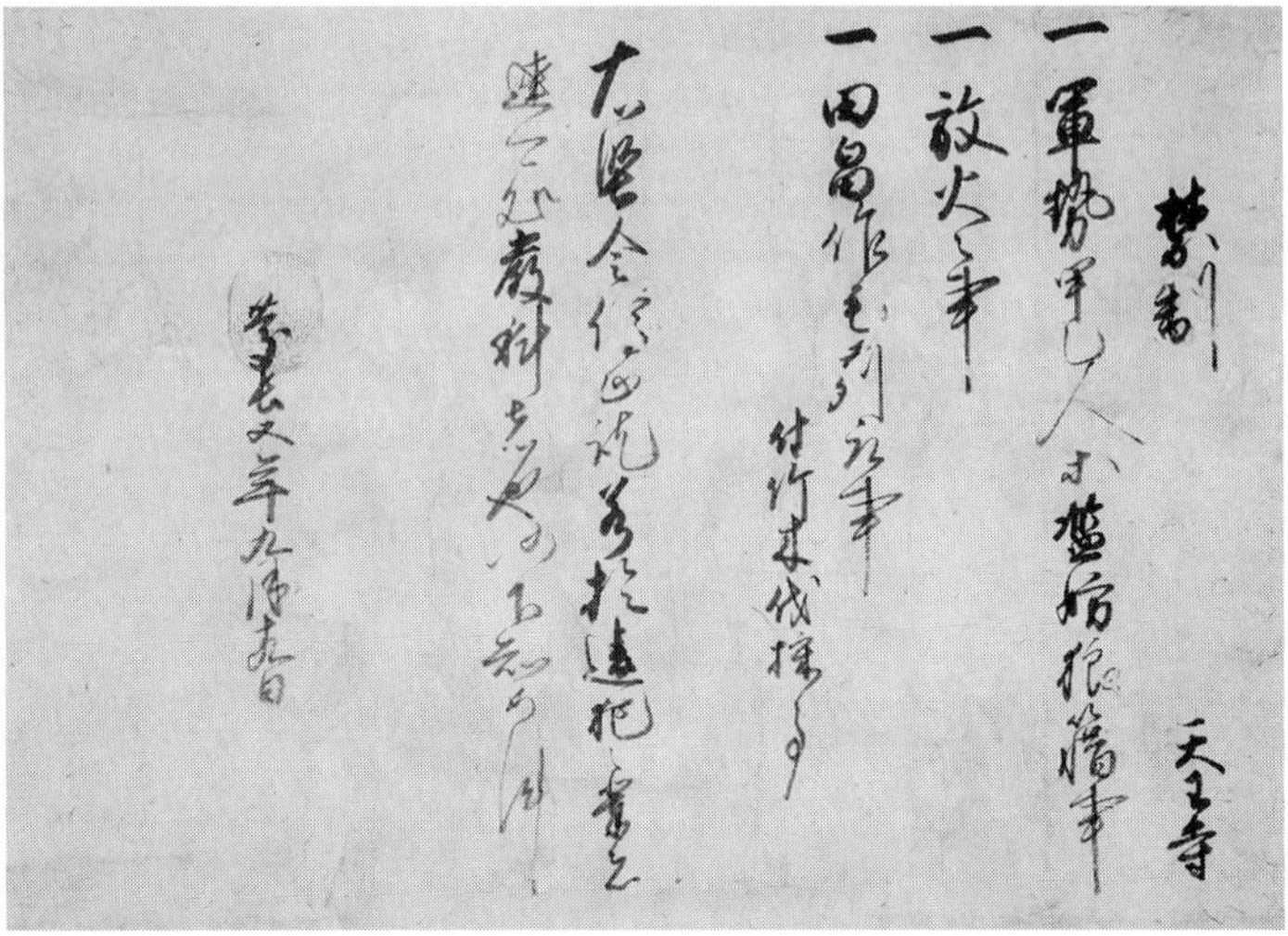

禁制　天王寺
一　軍勢甲乙人等濫妨狼藉事
一　放火之事
一　田畠作毛苅取事　付竹木伐採事
右堅令停止訖、若於違犯之輩者、速可処厳科者也、仍如件
慶長十九年

徳川家康禁制

いきました。慶長十九年（一六一四）五月に前田利長（利家の長男）が亡くなると、豊臣家はますます孤立し、政権を奪われた不信感から幕府との溝を深めていきます。そして、かの方広寺鐘銘事件をきっかけとして、両者の対立は決定的なものとなりました。

同年十月より豊臣秀頼は合戦の準備に着手します。豊臣方は戦の長期化によって徳川軍を疲弊させ、有利な講和を引き出すため、堅牢な大坂城に籠城する作戦をとりました。対する徳川軍は、大坂城の四方を囲むように陣を固め、家康が茶臼山（天王寺区）に、秀忠が岡山（生野区・御勝山古墳）にそれぞれ陣を構えて戦に備えます。

十一月六日、戦の開始に向けて両者がにらみ合う中、突如、徳川陣営の傍で、大き

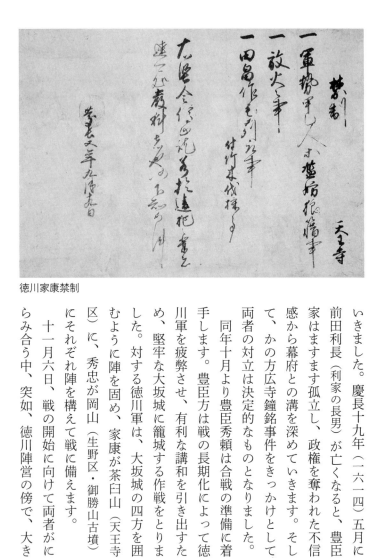

な火の手が上がりました。何者かによって放たれた火によって、四天王寺の伽藍が炎上したのです。

四天王寺が茶臼山と岡山の中央にあったことから、戦の見通しの妨げとなるため徳川方が焼き払ったという記録もありますが、実際には、徳川方を脅かすため、豊臣方が兵を出して、四天王寺周辺の民家を焼いたことが原因のようです。この火は、折からの強風によって四天王寺の太子殿に燃え移り、瞬く間に伽藍が焼失してしまったといいます。

こののち、十一月十九日の木津川口の戦を皮切りに、大坂冬の陣の合戦が開始されます。十二月二十日に和議が成立し戦は一旦終息しますが、それを待たずして、豊臣によって再建された伽藍はわずか十四年で失われたのでした。

23 元和の再建

徳川家康は、元和元年（一六一五）十一月、南光坊天海ならびに四天王寺一舎利雲順・二舎利通順・秋野坊猷順《ゆうじゅん》を二条城に呼び寄せ、四天王寺の伽藍再建の命を下します。その内容を記した「四天王寺法度」により、四天王寺の寺務を天海が取り仕切ることや、伽藍再建のために千枚分銅金六つを下付することなどが定められました。

天海は天台宗の僧侶で、家康の参謀として幕府の朝廷政策・宗教政策に深く関与した人物です。この天海以降、四天王寺の寺務は、日光の輪王寺門跡が代々司ることとなり、輪王寺末寺として幕府の強い影響下に置かれました。なお、「千枚分銅金」とは非常時に備えられた資金のことで、一つが大判千枚分（約百六十五キログラム）の金塊になります。大判一枚が今の価値で約二百九十万円ともいわれ、それが六千枚分ですので、四天王寺再建のために幕府が用意した費用の大きさがわかります。

元和三年（一六一七）九月二十一日、家康のあとを継いだ徳川秀忠によって、再建する堂

元和再興の四天王寺伽藍（摂津国四天王寺図［部分］）

宇の担当奉行（責任者）が任命され、事業が着手されます。再建に際しては、全体を四つの組に分け、金堂組を片桐《かたぎり》主膳正《しゅぜんのかみ》、五重塔組を小沢休務《きゅうむ》、六時堂組を甲斐庄《かいのしょう》喜右衛門《きえもん》、太子堂組を赤井《あかい》豊後守《ぶんごのかみ》忠泰《ただやす》の各奉行が担当することとなりました。そして元和四年（一六一八）九月二十一日、伽藍再興の釿《ちょうな》始めが執り行われ、工事が開始されます。

　完成までの具体的な進捗については記録が残っていませんが、元和九年（一六二三）七月九日には、秀忠が完成間近の四天王寺に参詣しています。このとき秀忠は火除けのため、伽藍境外にあった民家五十戸に退去を命じたといいます。翌日には、この訪問と伽藍再興の成就に対して、四天王寺から秀忠にお礼を言上しています。

そして九月二十一日、大坂の陣による焼失から九年の歳月を経て四天王寺伽藍が再興されました。この再興については、堂舎をはじめ荘厳具や仏像・仏具に至るまでの詳細な引渡し書である『天王寺御建立堂宮諸道具改渡帳』が残っており、事業の規模と内容を詳らかに確認することができます。また、この元和再興伽藍の絵図も多数描かれており、全貌をうかがうことができます。

現在も境内に残る六時堂・元三大師堂・五智光院・本坊西通用門・湯屋方丈・中之門といった建物は、この元和再興時の建物で、いずれも近世四天王寺の歴史的建造物として、重要文化財や大阪市の文化財に指定されています。また、絵堂に安置された狩野山楽による「聖徳太子絵伝」も現存しており、その名残を実際に目にすることができます。

この元和再興ののち、享和元年（一八〇一）の雷火によって伽藍が焼失するまで、四天王寺はおよそ百八十年にわたる平穏な時を迎えます。

24 東大門と経輪蔵――焼失した建造物――

現在、四天王寺には六時堂や五智光院など、元和九年（一六二三）に再建された近世の伽藍が六棟残っています。実はほんの数十年前には、このほかにも桃山時代や江戸時代に遡る古建築が残っていました。

その一つが東大門です。

東大門は、豊臣秀頼の命により片桐且元《かつもと》が普請奉行《ふしんぶぎょう》として建造したと伝えられ、大坂の陣の兵火を免れた四天王寺唯一の桃山時代の建築物でした。桁行六間三尺（約十二m）・梁間四間二尺（約八メートル）の規模をほこり、単層の切妻造で妻が三段に分かれた独特な形状の屋根を持つ、豪華絢爛な大建築であったといいます。『摂津名所図会』においても「彫物美麗にして世に名高し」と評された、当寺唯一の国宝建築でした。

さらに西大門から西重門へと続く参道の北脇に、もう一棟ユニークなお堂、経輪蔵《きょうりんぞう》がありました。経輪蔵とは経蔵の一種で、堂内には「輪蔵」と呼ばれる回転式の八角形の書架があり、これを回すことによって蔵内すべての経典を読誦したことと同じ利益を得るといわれているものです。

四天王寺の経輪蔵は方五間の宝形造で、堂内中央には抽斗《ひきだし》式の四百八十の経箱に、千四百五十三部六千三百二十三巻に及ぶ一切経典を納めた輪蔵があり、極彩色を施した壮麗なものであったといいます。このほか傅大士《ふだいし》と二子の三像ならびに、大般若経を守護する十六善神が安置されていました。元和九年再建時に建造されたもので、五智光院などとともに徳川による江戸初期の建築として知られていました。

東大門

昭和二十年（一九四五）三月十三日夜遅く、二百七十四機のB29が大阪市上空に襲来、焼夷弾による〝火の雨〟を降らせました。午前零時半頃、西門付近に焼夷弾が落下し、引聲堂・短聲堂・西大門が燃え上がると、経輪蔵にも火が燃え移ります。丸池からバケツリレーによる必死の消火活動により一度は消し止められましたが、近くにあった寄進所からの火によってついには焼けてしまいました。

午前二時頃、中心伽藍を焼き尽くした炎が六時堂に迫ります。ただちに亀の池の水で消火され、幸い六時堂以北の堂宇は焼失を免れます。しかし、その間に勝山通の民家の火が東大門に燃え移っていました。六時堂の消火活動を終え、消防隊が駆け付けた頃には、すでに劫火に包まれる東大門の姿があったといいます。中心伽藍と並んで四天王寺の象徴であった、桃山時代の壮麗な東大門もここに焼け落ちたのでした。

経輪蔵

東大門は昭和六十一年（一九八六）に再建されましたが、経輪蔵はいまだ復興がかなわず、参詣者の憩いの場となっている西大門前の広場にひっそりとその礎石を残しています。

25 四天王寺を担う人々——衆徒のこと——

四天王寺の近世文書をみていると、文書巻末に「一舎利　〇〇／二舎利　〇〇／秋野（坊）〇〇」と署名されているものが多くあります。これらは「衆徒」と呼ばれる四天王寺の僧侶の代表者です。衆徒は、四天王寺の法要を担い学問に励む「清僧《せいそう》」と、経理など寺務を担当する「秋野坊《あきのぼう》」に区分されます。

「清僧」は、妻帯を禁じられるなど厳格に戒律を守る僧侶で、六時堂両脇にあった東西の僧坊（図右上）に住し、それぞれ自坊を持っていました。この清僧の坊は十二坊あり、構成される坊の変遷はありながらも、近世を通じて維持されています。これらの坊の住職は、出家からの年数（臈次《らっし》）の長い順に一舎利・二舎利・三臈・四臈……と定められ、なかでも一舎利・二舎利は四天王寺の代表として位置づけられていました。

一方の「秋野坊」は小野妹子の末裔と伝わり、寺の公の行事と経理を担当し、妻帯も認められた身分でした。現在の中之門を出たところに坊を構え（図中央下）、寺務を一手に担

摂津国四天王寺図（部分）

い、宝永二年（一七〇五）には「公文《くもん》所《じょ》」の称号も授かっています。

清僧と秋野坊は、その立場の違いもあって、対立することも多かったようです。四天王寺は、寛永二年（一六二五）に寛永寺の末寺となっていますが、清僧と秋野坊の間で大小の紛争が起こるたびに本山である寛永寺に指導を仰ぎ、問題解決を図ってきたことが「御條目御達書写」などの史料によってうかがわれます。この御達書をみていると、寄進された金銀の配分や、僧侶の着座の順番、着用する衣や袈裟の種類にいたるまで、細々と寛永寺の許可を得ていたことがわかります。

また『四天王寺法事記』などの記録

をみると、法会での役割においては、一舎利・二舎利が舎利職として金堂の仏舎利をつかさどるのに対し、秋野坊は三綱《さんごう》という立場で聖徳太子に奉仕する役割を担っていたことがうかがわれます。例えば、涅槃会《ねはんえ》などの大会において聖霊院から六時堂へ太子像を遷座する際、鳳輦《ほうれん》に太子像を載せる役目や、聖霊会において太子のお目覚めの儀式である「御上帳《みじょうちょう》」「御手水《みちょうず》」も三綱の役目となっています。さらに聖霊会では、法会の前日に宝蔵から本尊の「楊枝御影《ようじのみえい》」を出し、一晩、秋野坊が自坊にて預かったのち、当日の朝、六時堂に安置するというしきたりもありました。小野妹子の末裔という系譜と関係するのかと思いますが、このように役割が明確に区分されている点は四天王寺の信仰を考えるうえでも興味深い事実です。

　四天王寺の衆徒については、これまで不明な点が多かったのですが、近年史料の整理も進みその実態が少しずつ明らかになってきました。寺の運営を担っていた人々の動静をたどることで、近世四天王寺の様相が今後さらにはっきりとしてくるでしょう。

26 宝蔵とその宝物

正倉院や法隆寺の綱封蔵《こうふうぞう》のように、寺院には「宝蔵」と呼ばれる宝物の収蔵施設が必ず設置されていました。四天王寺も例外ではなく、古くは校倉造《あぜくら》の蔵が存在していたことが知られ、近世の絵図には、高床で二棟の校倉を中央が吹き抜けとなるようにつなげた双倉《ならびぐら》形式の蔵が描かれています。現在、本坊南側にひっそりと建つ宝蔵は、享和元年（一八〇一）の雷火の後に再建されたもので、「釘無堂《くぎなしどう》」と通称され、大阪に遺る稀少な近世校倉として大阪市指定有形文化財に指定されています。

古来、宝蔵に収められる什物はお寺にとって特別な存在でした。それゆえ、寺の由緒を紹介する史料にはかならず「宝物目録」が収録されています。比較的早い時期の「宝物目録」（『四天王寺年中法事記』貞享二年（一六八五）所収）に列記される宝物をあげてみると、『四天王寺縁起』根本本（国宝）・同後醍醐天皇宸翰本（国宝）・扇面法華経冊子（国宝）・細字法華経（重文）・楊枝御影・懸守（国宝）・緋御衣（重文）・達磨大師袈裟（現存せず）・鳴鏑矢（重文）・丙子椒林剣（国宝）・七星剣（国宝）・京不見御笛・閻浮檀金弥陀三尊（光背のみ重文）・千手観音箱仏（重文）・千本琴の品々で、これらは以後の宝物目録にも必ず記載され、数ある什物の中でも最も重要なものと位置付けられていました。そのほとんどが現在、国宝・重要文化財に指定されています。

このなかでも、聖徳太子が実際に所用していたと伝えられる『四天王寺縁起』根本本・丙子椒林剣及び七星剣・懸守・細字法華経・緋御衣・京不見御笛・鳴鏑矢の七件の宝物は、「太子伝来七種の宝物」と呼ばれ、さらに別格の扱いを受けてきました。これらは、四天王寺における太子信仰の核となった宝物であり、太子の寺であることの証ともいえる「聖遺《せいい》物《ぶつ》」なのです。四天王寺ではこの七種の宝物を「太子からお預かりしている」という形をとり、宝蔵では毎年元日の朝、太子より七種の宝物を預かる儀式である「朝拝式」が行われています。

この他にも、天王寺楽所伶人の東儀家より寄進された陵王・納蘇利の古面や、遠江法《とおとうみのほっ》橋《きょう》筆の聖徳太子絵伝（いずれも重文）などが近世になって宝蔵に新たに収められていますし、元禄五年（一六九二）には、柏原市にある安福寺の浄土宗僧・珂憶《かおく》上人より、総数百四十四点に及ぶ大規模な宝物の寄進を受けています。このように各時代を通じて寄進された宝物が収蔵され、多様な「四天王寺宝物」を形成していきました。

現在の宝蔵（釘無堂）

四天王寺の宝蔵は、一舎利・二舎利・秋野それぞれによって封印され、宝物を拝見するためには、この三人が立ち会わなければ開封できないようになっていました。宝蔵の宝物は、同寺の歴史と信仰の根幹をなすものとして、それほど厳重に守られていたのです。

現在宝物館には、宝蔵旧収蔵品を含め五千点を超える宝物が、大切に保管されています。

27 享和の火災

暁の丑の刻（午前一時〜三時）のことであった。雨があふれるように激しく降って、とどろく雷に眠ることができなかった。寝床にうずくまっていると、雷鳴が三回ほど響いて、襖からみしみし音がするので、南の方に雷が落ちたのだろうなと思っていると、ほどなくして雨がやんできた。寅一つの頃（午前三時過ぎ）、「火事だ」と人々の騒ぐ声がするので、急いで屋根の上に登ってみると、どうやら上寺町のあたりらしい。風に吹かれて空に炎の上がっているのは、どこの寺院だろうか。いつも見えている天王寺の五重塔は暗くてよく見えない。されど南の方の雨雲にうつろう火影は、さながら昼のようであったが、わが家からは距離があるうえ、西風が強くて肌寒く、寝間着を被って眠りについた。夜が明けて、外にいた人々の話を聞くと、「天王寺に雷火があって、諸堂がことごとく焼けてしまった。いま目の前で釘無堂（宝蔵）が焼けるのを見てきたところだ」というので、こんなに名高い寺がよもや諸堂残りなく焼けてしまうこと

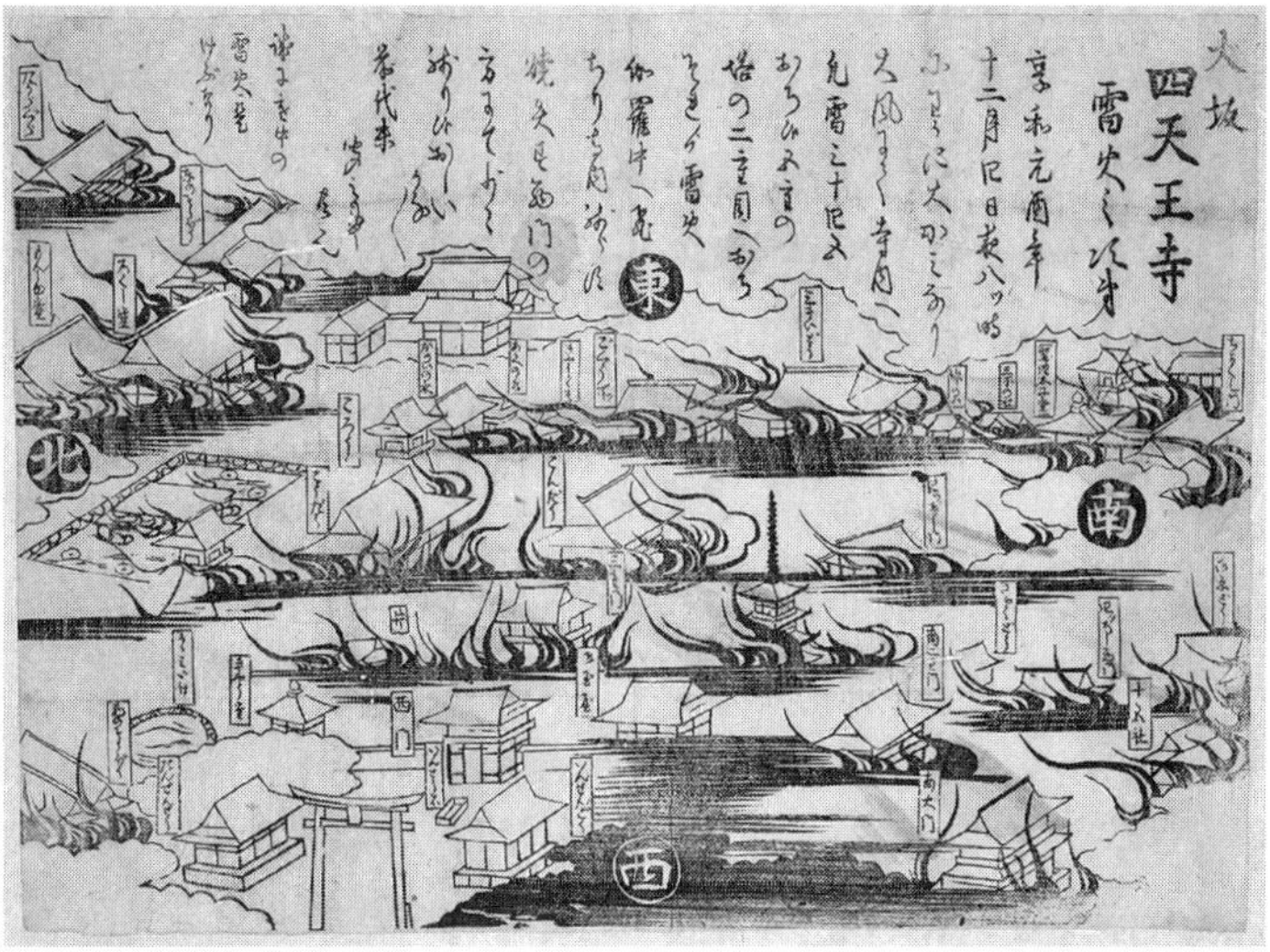

大坂四天王寺雷火之次第

などないだろうと思いつつ、役所に赴いた。

享和元年（一八〇一）十二月五日、夜中の激しい雷雨のさなか、四天王寺の五重塔に雷が落ちました。五層目の屋根から火が出て燃え上がると、激しい風雨によって瞬く間に延焼し、炎が伽藍を飲み込みます。元和九年（一六二三）に徳川家によって再建された伽藍は、一夜にして焼き尽くされてしまいました。

冒頭の文章は、幕府の官僚として大坂に赴任していた大田南畝《なんぽ》（蜀山人）の日記『蘆の若葉』の一節です（現代語訳は筆者、以下同）。南畝は赴任して以来、折に触れて四天王寺を参詣し、その様子を日記に細やかに記していました。そんな足しげく通った四天王寺が焼亡したというのです。一夜明け、南畝は四天王寺に向かいました。天王寺に着いてみると、西門のあたりに人がたくさん集まっていた。元三大師堂のそばの門から入ると、右の方の僧房がことごとく焼けて、煙がまだ盛んに上がっている。石舞台は無事であったが、六時堂・食堂とおぼしきあたりはみな灰燼となって、煙がもくもくと立ち込めていて、先に進めそうにない。〈中略〉東門のみ焼け残っているが、講堂・金堂のあたりにも黒煙が立ち上り、これがもともと何の堂であったか見分けもつかない。さらに進むと、塀だけが残っているので、「ここはどういう堂宇だったのか」と聞くと、「ここは太子堂であった」という。かの猫の門・虎の門の彫物も失われたのだろうと思いつつ、十五社・絵堂も跡形なく、雲水塔と呼ばれた五重塔もどこに建っていたのか、はっきりとわからないほどであった。

この火災により、四天王寺は境内東半分のほとんどの堂宇を焼失してしまいます。わずかに焼け残ったのは、当時、西大門南側にあった五智光院や万灯院、境内北側の元三大師堂など椎寺の建物、そして東大門を数えるのみでした。元和再建以来百八十年にわたる平穏な時代が突如終わりを告げ、四天王寺は再び苦難の道を歩むことになります。

28 文化の再建

むねたかき
いらかも灰となるかみの
ほのふにのこる軒の端もなし
大空にそびへし軒もやけはてゝ
げに雲水のあはれよの中
さだめなき
あをひとぐさのいましめや
けぶりとのぼる千代のふるでら
篠弼（篠崎小竹）

享和元年（一八〇一）十二月五日の雷火は四天王寺に甚大な被害をもたらし、変わり果てた伽藍を前に人々は茫然と立ち尽くすしかありませんでした。

これまで四天王寺は、伽藍が焼失しても豊臣家や徳川幕府の庇護を受けて復興を果たしてきました。しかし時は江戸時代も後期にはいり、幕府も衰退の一途をたどっており、一寺院に莫大な再建資金を投じるような余裕はありませんでした。

そのような中、大坂の民衆が支援の手を差し伸べます。火災翌年の享和二年（一八〇二）には、御用瓦師の寺島藤左衛門《てらしまとうざえもん》が金二千五百両もの大金を寄付したほか、天満市場の吉野屋九右衛門《よしのやきゅうえもん》が鐘楼仮堂を建立するなど、幾人かの篤志家によって寄進が行われました。とはいえ、不況によりなかなか浄財は集まらず、再建事業は難航します。そこに立ち上がったのが、大坂白銀町（現在の中央区東心斎橋一丁目）にて紙屑問屋を営んでいた淡路屋太郎兵衛《あわじやたろべえ》でした。

元来、篤信家であった太郎兵衛は、伽藍復興のために自身の全財産を投じます。しかしそれでも足りなかったため、自ら勧進元となって、毎日四天王寺の境内に赴いては裃《かみしも》姿で土下座をして参詣者からの喜捨を募りました。またある時は、空の千両箱をいくつも牛車に載せて、寄進のように見せる幟《のぼり》を立てて市内を練り歩いたといいます。このときの千両箱が現在も四天王寺に残されており、彼の献身的な活動の足跡を今に伝えます。

太郎兵衛らによる六年におよぶ勧進活動が徐々に実を結び、資金の目途が立ったことから、文化四年（一八〇七）より少しずつ再建が始まります。少ない資金の中で効率よく事業を進めるため、六時堂には境内北側にあった椎寺薬師堂を移築し、講堂も焼け残った万灯院を移築するなどの工夫がなされました。また焼け残った建具や釘などの金物も使えるものはそのまま再使用するなど、徹底した経費の節約が図られたようです。

文化八年（一八一一）には、移築した講堂や六時堂へ仏像が搬入され、翌九年には金堂や仁王門などが落慶し、火災から十一年を経てようやく伽藍復興が成し遂げられました。

淡路屋太郎兵衛木像

伽藍復興を見届けた太郎兵衛は、文化十年（一八一三）に五十四歳の生涯を閉じます。四天王寺の復興に余生をかけて尽力した功績をたたえ、金堂には裃を身にまとった淡路屋太郎兵衛の木像が安置されました（残念ながら、像は大阪大空襲で焼失）。

29 聖徳太子一二〇〇回御忌のこと

令和三年（二〇二一）は聖徳太子一四〇〇年の御聖忌《ごせいき》にあたり、四天王寺では伽藍の改修など様々な事業が実施されました。さらに十月十八日から令和四年四月二十二日までの約半年間、各宗本山奉修による慶讃法要が営まれています。このように聖徳太子が亡くなって以降、五十年、百年ごとの節目には、太子の遺徳を顕彰するための、大規模な法要や事業が行われてきました。

今から約二百年前の文政二年（一八一九）にも、四天王寺において「聖徳太子一二〇〇回御忌法要」が厳修されています。

二月十二日の法華三昧会を皮切りに、法華八講会・常行三昧会・上宮講式、そして二月二十二日の聖霊会など三月三日までの二十二日間にわたり毎日法要が行われました。またこの法要にあわせ、三月四日〜四月二十二日の期間、太子堂・御棚所・六時堂・万灯院・湯屋方丈にて宝物が開帳され、多くの拝観者を集めていました。

令和の一四〇〇年御聖忌では、大阪市立美術館とサントリー美術館において大規模な「聖徳太子――日出づる処の天子」展が開催されましたが、美術館ができる以前は、こうして境内の各堂宇にて宝物を展示・公開していたのです。

荒陵山四天王寺より博覧会を望むの図（『風俗画報』明治時代）

この宝物開帳とともに、五重塔・仁王門・絵堂が公開され、こちらも多くの参詣者を集めたようです。拝観料や賽銭の記録である『千弐百回御聖忌奉納帖』をみると、五重塔が最も多くの参詣者を集めており、宝物開帳のメイン会場であった六時堂の倍近い拝観料収入となっているのは注目されます。これはおそらく五重塔が展望台として開放されていたことによるものでしょう。いまでこそ通天閣やあべのハルカスが立ち並びますが、当時は四天王寺の五重塔が最も高層の建物でした。大坂の街並みを一望できる五重塔が人気を集めたことは想像に難くありません。

さらに境内では種々の趣向を凝らした催し物が開かれていました。例えば鳥居の一角では、大和橋一田庄七郎なる籠細工人が大きな仮屋を立てて、九丈六尺（約三十二メートル）にも及ぶ巨大な釈迦涅槃像を竹籠でつくり、これが大繁盛したといいます。この見世物があまりに客を集めるので、他の店の客足が伸びず、会期の途中で仕舞う店が出たほどでした。また、道頓堀で芝居の公演中であった歌舞伎役者が四天王寺に見物に訪れ、さらにその役者を一目見ようとする群衆によって大きな混乱となり、役者がお叱りを受けたというような記事も残っています。いずれも、境内が大変な賑わいであったことをうかがわせる逸話です。

文化9年再建の中心伽藍

四天王寺は、享和元年（一八〇一）以来の再建にかかった莫大な借金が残っていたこともあり、開帳などによる収益でそれを補塡する目的もありました。一二〇〇回御忌は、その点でも大きな成果を結び、疲弊した四天王寺を立て直す重要な契機となったのでした。

30 神仏分離の波

春秋二度先祖代々の霊の菩提を弔らふ彼岸、分けて気候の好い春の彼岸其の参詣人の数の多い事といったらあの広い境内が人で埋まる位だ。此の数多の善男善女が前述べた道を行列の様に続いて行くのである、老いも若きも女も子供も互に見失ふまいと手を取り合って行く、婦人連や娘達は此の人込みの中で衣裳比べの心地して、お互に美装をこらし日傘をさして出て行きしものであった。

（日垣明貫「明治初年の四天王寺春の彼岸詣り」『上方』第二七号）

これは画家の日垣明貫《ひがきめいかん》による明治初年の回想記です。明治時代に入っても、春秋の彼岸ともなると、四天王寺の境内はかわらず多くの賑わいをみせていたようです。その一方で、明治新政府によって着手された神仏分離政策の波が大阪にも押し寄せていました。

かつて生國魂神社には「生玉十坊」と呼ばれる宮寺がありましたが、明治三年（一八七〇）に、社地内の寺院を取り払って退去するよう命令が下っています。十坊は高野山宝性院の末寺であったことから、本山を通じて仏寺の存続を大阪府に嘆願したものの受け入れられず、同年五月には神官より十坊の僧の還俗《げんぞく》（僧籍を解いて俗人となること）が通達されました。この通達では、居住を継続するためには仏像・仏具を焼却し、仏堂を取り払うという厳しい条件が突きつけられ、こうして僧たちは退去し、生國魂神社の宮寺はすべて撤去されたのでした。また住吉大社でも神宮寺が廃絶となり、西塔は徳島の切幡寺に売却・移築されています。

このような神仏分離の動きは四天王寺も無縁ではありませんでした。南大門脇にあった十五社は廃堂となり、「和光堂」と称する仏堂に改められます。また四天王寺の鎮守社の役割を果たしていた安居神社などは、四天王寺から完全に分離され、安居神社の別当を担っていた秋野坊（四天王寺の執行職）もこれを辞職しています。

明治四年（一八七一）には、清僧十二ヶ院のほかは、寺に勤める僧侶がみな俗籍に編入され、寺から離れることとなります。ただし永年にわたって勤仕していた二十四名については引き続き雇い入れたいと大阪府へ願い出たところ、法務（法要など仏教行事に関わる業務）には携わらないことを条件に雇用が認められました。

明治八年（一八七五）、これら下職者十九名を寺内で雇い入れる契約を結びますが、明治十年（一八七七）に洞松実戒《どうまつじっかい》が住職となって赴任すると、下職者らが大阪府の通達に反して

明治5年の四天王寺

法務に従事しているとして、雇用契約を無効とし、寺内立ち退きを命じます。下職者らはこれに従わずのちに訴訟にまで発展し、明治十三年（一八八〇）には、実戒らが下職者を諸堂から退去させるよう、警察本署へ願い出るなど大きな混乱がありました。

明治という新しい時代に突入した四天王寺でしたが、このように時代のうねりに翻弄される幕開けとなりました。

31 明意上人のこと

文久三年（一八六三）、灯明の火の不始末によって四天王寺の聖霊院が焼失します。享和元年（一八〇一）の雷火以来の大きな被害でした。資金不足などで再建が難航する中、この一大事業を託されたのが、八尾の融通念仏行者・明意《みょうい》上人でした。

明意上人は、文化十一年（一八一四）、備後国（現広島県）福山藩主阿部正精《まさきよ》の家臣青木伝右衛門の長男として生を受けます。幼少より仏教への信仰心篤く、出家を望むも両親の許可が得られず家督を継いでいましたが、その志は断ちがたく、天保十二年（一八四一）、二十八歳にして河内国八尾にある清慶寺《せいけいじ》の樂山《ぎょうざん》上人のもとで剃髪し、融通念仏宗の僧侶となります。樂山上人が早世ののちは、一心に念仏修行をすることを決意し、各地で厳しい修行に励みました。その高徳は市中に知られるところとなり、関白近衛忠熙《ただひろ》や華頂宮博経《かちょうのみやひろつね》親王も篤く帰依したといいます。

聖霊院再建をなんとか成就するため、四天王寺一舎利の性順《しょうじゅん》らは一山で決議し、四天王

白蓮庵

寺ともゆかりの深い融通念仏宗の高僧明意上人に再建への協力を要請します。上人は「もとより寺院の経営や勧財の方法などは一向に存ぜぬ愚僧のことゆえ、御取り持ちの功は無かろうと思えど、ただ御念仏の御寄進だけでよろしくば、ほかならぬ御太子様への御供養、謹んで御助勢申しましょう」と要請を承諾し、明治五年（一八七二）二月に聖霊院北東（現弁天池付近）に小さな庵を構え、四天王寺に入られたのでした。

上人が四天王寺の庵にて日々念仏三昧の修行に励まれると、その噂はすぐに広まり、上人を慕って多くの人々が四天王寺に参詣に訪れ、再建の寄進も集まるようになりました。これにより明治六年（一八七三）三月に再建地の千本地築き（地固め）、九月には上棟式が行われるなど、事業は大きく進展します。

着々と再建工事が進むその年の十一月、上人は「少し疲れたので」と庵の扉を閉じて面会を遮断し、細々と念仏を続けるようになります。ある日、ふいに庵扉を開いてゆかりある人々を招き入れ、「この度の御改造事業も果たし申さず、この世の暇乞い致すは本意ならねど、娑婆の命数尽きたれば、明日は永のお別れを致すべし。されど吾が門徒たる講中はじめ志ある方々は、何卒御再建の成就に尽くされたし、これ拙僧の今端の頼みなり」と、辞世の句とともに別れを告げ、十一月十二日午前十時、座禅して念仏姿のまま静かに息を引き取りました。このとき六十歳。ただ一心に念仏修行に捧げた生涯でした。

ありがたや　今は別れに太子殿
のこしおくこそ　弥陀のみやげに
明意〈辞世の句〉

その後、太子殿の再建事業は弟子や門徒に託され、明治十二年（一八七九）に無事成就します。明治二十五年（一八九二）の上人二十回忌に当たっては、四天王寺で念仏修行に励まれた庵を「指月閣《しげつかく》白蓮庵《びゃくれんあん》」として整備し、そこに上人等身の木像を安置して、一山を挙げてその遺徳を称えました。

32 室戸台風の猛威

昭和九年（一九三四）、京阪神地方を襲った室戸台風は、四天王寺にも甚大な被害をもたらしました。

九月二十一日。その日は彼岸で、縁日のため朝早くから多くの人々が境内を訪れていました。最初は小雨程度であった天候も午前七時頃から風が急激に強まります。参詣をあきらめて多くの人が帰路につくなか、中門や五重塔の周辺には避難する人々が集まってきました。当時五重塔には、中島・平野ら四名の番人がおり、おびえる人々に「この塔は未だかつて倒れた例はないのであるから大丈夫です」と声をかけて回ったといいます。

逃げ遅れた人がいないか確認するため、五重塔内の上層に登った中島は、尋常ではない塔の揺れに恐怖を覚えます。やっとのことで地上に降りると、塔下に集まった人々に危険を知らせ、「命が惜しいならここを早く逃げてください。塔の上層はすでに危なくなっておりますぞ」と呼びかけます。これを聞いた人々は金堂の方へ一目散に逃げだしますが、まだ十数人はじっとその場から動こうとしません。なかには「この塔は決して倒れぬ。もし倒れるようなことがあったならば、大阪はおそらく全滅するであろうから、そんなことはあるまい」と言い張る者もいました。

中島は再び塔内に入り、基壇にしがみつきながら、平野とともに四天王立像や唐戸が倒れないように支えていました。その目の前では、金堂前にあった大きな賽銭箱が、金具の摩擦で火を噴きながら、西の回廊まで飛ばされていきました。

午前八時頃、轟音とともに一瞬にしてあたりが粉塵で真っ暗になりました。中門が五重塔に向かって倒壊したのです。中門がなくなることで強風を直接受けるようになった五重塔は、揺れをさらに大きくしていきます。いよいよ身の危険を感じた平野は、意を決し塔外に出ますが、強風によって北東の用明殿近くまで吹き飛ばされてしまいました。

強風にさらされた塔は南北に大きく揺れ、次第に塔全体が傾斜しはじめます。そして中央部が折れ曲がったと思った瞬間、そこがばらばらになり、塔は上層部から北側へ倒れていきました。その時、塔内には十三人の参詣者と中島ら番人がとどまっていました。

一週間に及ぶ必死の捜索活動が行われましたが、膨大な瓦礫を撤去しながらの作業は困難を極め、中島と二名の参詣者が救出されたほかは皆助かりませんでした。中門倒壊による被害者と合わせて死者は十五名にのぼっています。

倒壊した中門と五重塔

この台風で、中門・五重塔が完全に倒壊し、金堂も大きく破損しました。倒壊後の五重塔の調査では、心柱をはじめ側柱《がわばしら》や四天柱の一部が朽損していたことが判明しています。また、展望台として上層を開放していた関係で、桔木《はねぎ》の一部が取り除かれていたという証言もあり、これらによって構造的な負担があったことも倒壊の一因となったようです。

こうして、町衆の力を結集し文化十年（一八一三）に再建された五重塔は、五十年を経ずしてその姿を消したのでした。

33 五重塔の再建

室戸台風によって倒壊した五重塔の瓦礫を前に、人々は呆然と立ち尽くすしかありませんでした。しかしすぐに一山の総力をあげて五重塔を再建すべく動き出します。

昭和九年（一九三四）十一月、五重塔再建に伴う基壇の発掘作業が、京都帝国大学教授であった建築史家・天沼俊一氏を中心に行われました。その結果、倒壊した文化再建の塔心礎に埋納された舎利容器が四方を銅板で囲う形で発見され、塔心礎の下からは木造薬師如来像や素焼きの釈迦如来千体仏が見つかっています。さらに、塔心礎の三・六メートル真下からは創建期（飛鳥時代）の塔心礎であると考えられる大盤石が発見され、塔や中門の基壇周辺では飛鳥～奈良時代の瓦が多数出土しました。

これら一連の発掘調査の結果は、五重塔の位置が創建当初より動いていないことを証明する、古代史学上の極めて重要な発見となりました。その後、この創建期の心礎の上にはコンクリートによる堅牢な基壇が建設され、現在も創建期の心礎は五重塔の地下深くに保存されています。

さて、金堂の修理と中門・五重塔の再建という大事業は、当時の住職であった木下寂善師指揮のもと、伽藍復興局営繕課長となった出口常順師が取り組むこととなります。

再建にあたり、まずは塔を木造とするか鉄筋コンクリートとするかが問題となりました。当時の法律では三十メートル以上の建造物は鉄筋コンクリートを用いることと規定されていたからです。五重塔は伽藍の中心となる信仰上においても重要な建物ですから、何とか木造での再建を実現すべく大阪府や国の担当省庁と幾多の協議を重ね、ようやく建設の許可が下りたのでした。

木造と決まると、建築に必要な木材を調達

昭和15年再建五重塔

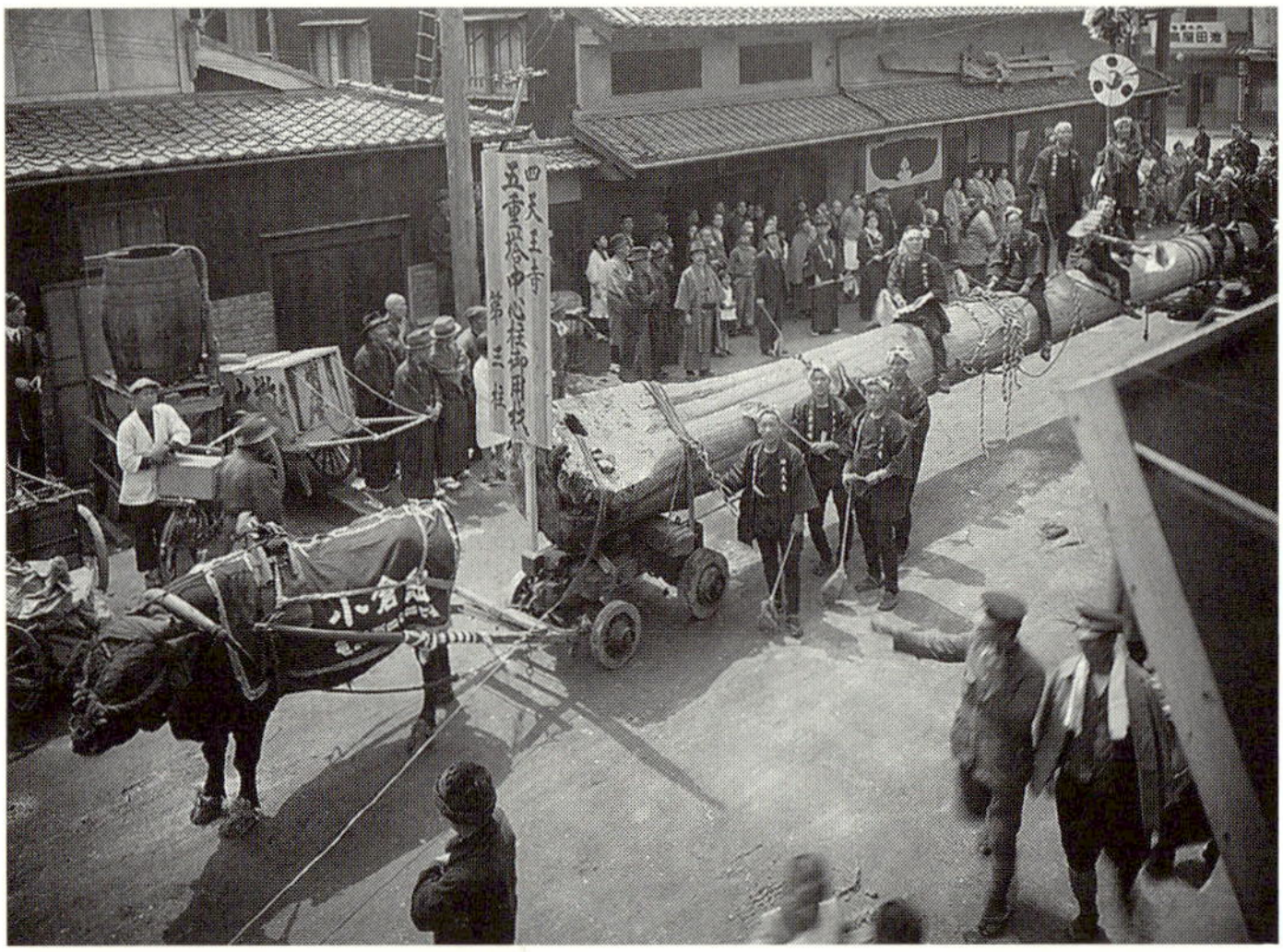

五重塔用材木曳式（昭和12年4月12日）

するため、出口師は奔走します。中門や五重塔の再建に必要な膨大な巨材の収集は困難を極めましたが、帝室林野局や各地の営林局の取り計らいにより、高野山や高知から特別に巨木を入手することができました。

　昭和十二年（一九三七）四月十二日、各地より集められた五重塔用材の巨木が湊町駅（現在のＪＲ難波駅）に集結し、そこから四天王寺まで木曳式が盛大に挙行されました。その行列の華やかな様に涙する市民もいたといいます。翌年五月には三つの巨木を接いで、総長百三十七尺（四十一メートル）もの心柱が完成し、五月二十二日に五重塔初層立柱式並びに舎利塔納入式が行われています。

堂内の仏画及び極彩色は堂本印象《どうもといんしょう》、四天王立像を新納忠之介《にいろちゅうのすけ》、扉彫刻を明珍恒男《みょうちんつねお》、四天柱幡を山鹿清華《やまがせいか》が担当するなど、当時を代表する作家たちが力を尽くしました。今は写真でしかその様子を知ることができませんが、絢爛豪華な堂内荘厳は人々を魅了したことでしょう。

昭和十五年（一九四〇）五月二十二日、室戸台風より六年の歳月を経て再建され、五重宝塔落慶大法要が五日間にわたり挙行されました。この五重塔の再建に際しては、各所から多数の寄付や支援が寄せられたことから、昭和新塔は「百万合力塔」と称され、この善意を記念して境内に石碑が建立されています。

34 大阪大空襲

昭和二十年（一九四五）三月十三日夜、焼夷弾による〝火の雨〟が四天王寺にも降り注ぎました。

午前零時半頃、当時、五智光院近くに住んでいた大阪の歴史家・牧村源三（史陽）は「西門が危ない」との声を聞き、西門へ駆けつけます。すでに見真堂・引聲堂・短聲堂が轟々と音を立てて燃え、西大門の屋根にも小さな火が見えていました。その火も高所のためどうすることもできず、次第に大きくなるのをただ見ているしかなかったといいます。そのうちに今度は経輪蔵に火の手が上がります。バケツリレーで経輪蔵の消火にあたりますが、数人でどうにかなる火ではなく、なすすべはありませんでした。

石鳥居の脇には天王寺消防署があり、境内火災の際にはすぐに消火活動を行うはずでした。しかしこの時、上本町で起こった空襲火災のために消防車がすべて出払っており、西門で火災が起こった時には一台も残っていませんでした。

炎上する五重塔と金堂

またも低空に舞い降りるB29の爆音が聞こえたかと思うと、今度は伽藍南側に次々と焼夷弾が落とされました。牧村らは仁王門へ向かい、小さな鬼火を踏みつぶしては必死で消火を続けました。この鬼火は、焼夷弾から飛び散ったゼリー状の着火剤が、あちこちにべっとりとへばりついて、ちょろちょろと燃え続けていたものです。この小さな火がいたる所に散らばり、境内にある建物を焼いていったのでした。

午前一時過ぎ、五重塔に焼夷弾が直撃するも、当初は銅板葺きであった屋根がそれを次々と跳ね返したといいます。しかし、仁王門東の切妻屋根に落ちたエレクトロン焼夷弾（激しい光を発しながら燃焼する爆弾）による炎が高さ十八メートルにまで達して噴き上がり、これが五重塔へ、そして金堂へとなめるように延焼していきました。

このとき現場では、出口常順師が、自ら再建に奔走した昭和再建塔の最後を仁王立ちで見つめていました。紅蓮《ぐれん》の業火を噴き上げていた五重塔は、やがて銅板屋根が燃えだし、蒼味を帯びた炎となったといいます。常順師はそこに青不動の姿を重ねました。

五重塔は、真っ赤な炎の中にくっきりとしたシルエットを描いて立っていた。やがて、ぐらりと東へ膝をついたかと思うと、一瞬、空が暗くなった。次の瞬間、大きな炎の浪が左右に広がって、そこは一面火の海であった。

（出口善子『笙の風』）

壮麗な落慶供養からわずか五年後のことでした。

中心伽藍が燃え尽きると、今度は六時堂にも火の粉が降りかかり、縁の下がくすぶり始めますが、ようやく戻ってきた消防車によって亀の池の水で消火され、六時堂以北の堂宇は焼失を免れます。しかしその間に国宝建造物であった東大門に火の手が及び、瞬く間に炎に包まれました。

翌朝（十四日朝）、人々が目にしたのは、亀の池以南のほぼすべてが焼き払われた無残な四天王寺の姿でした。

35 戦後復興の軌跡①

焼け野原となった境内を前に、四天王寺の人々はあきらめず復興への道を進みはじめます。

昭和二十二年（一九四七）八月、焼失を免れた食堂《じきどう》を仮金堂として金堂跡に移築し、中心伽藍北西隅には仮設の北引導鐘堂が建てられました。この北引導鐘堂はほんとうに小さなバラックのお堂でしたが、戦争で失われた大切な人々を弔うため、多くの方が供養に訪れたのでした。

さて同じ年、大阪市は戦後処理の一環として区画整理委員を一般庶民から五名選出し、焦土と化した市内の土地整備を進める市政方針を発表しました。仏教界を代表する形で、四天王寺支院の施行院住職であった南谷恵澄師がこれに立候補し、市内寺院の票を集めて委員として選出されています。翌年一月に開かれた第一回区画整理委員会では、四天王寺跡地利用として、東門から西門へと境内を横断する道路を通すという驚くべき案が出され

焼け野原の境内（左上は焼け残った六時堂）

ました。しかも区画委員五人のうち四人がこれに賛成しているというのです。

これを聞いた出口常順師は、急ぎ府庁へ駆け込み、境内地を史跡指定するよう大阪府に要請します。大阪府もこの要請を受け、一月二十六日には、四天王寺境内地が史跡に仮指定され、昭和二十六年（一九五一）には、「四天王寺旧境内」として国の史跡に正式に指定されています。この迅速な行動により、四天王寺の歴史的境内地が保全されたのでした。

こうして守られた境内地において、徐々に戦後の復興が始められます。先の仮金堂と仮設の北引導鐘堂に続いて、戦没者を弔う堂から優先的に着手され、北鐘堂・聖霊院前殿・南鐘堂・亀井堂が復興されていきました。

さらに、大梵鐘を供出することで戦争の一助となってしまった大鐘楼を、「平和祈念堂」（のち「英霊堂」と改称）として改修し、平和を祈念する堂として位置付けました。本尊には比叡山黒谷青龍寺の大角実田大僧正が四十年をかけて制作した丈六阿弥陀立像を勧請《かんじょう》し、昭和二十四年（一九四九）三月に練供養・迎仏式が挙行され、西大門北側に設けた仮堂へ納めたのち、翌年五月に英霊堂内に奉安されています。

しかし、昭和二十五年に近畿や四国地方に被害をもたらしたジェーン台風によって、仮大師堂や仮南鐘堂が倒壊し、英霊堂本尊の仮安置堂も吹き飛ばされるなど、甚大な被害が出ています。何より、空襲を免れ仮金堂となっていた食堂が倒壊し失われてしまったのは大きな損失となりました。

そして昭和三十二年（一九五七）より中心伽藍の再建が着手されます。伽藍再建に当たっては、史跡指定地における四天王寺の歴史的景観の見地から、木造建築の再建が提案されたものの、建築基準法の制約などから、やむなく鉄筋コンクリート建築とすることに決定しました。一方で、創建以来の遺構・遺物を地下に蔵している史跡地であることから、地下を大きく掘り下げる鉄筋コンクリートの大規模建築の建造について、文化財保護委員会（現文化庁文化財部）は当初難色を示します。しかし最終的には、伽藍は宗教活動の根源となる施設として欠かせないことから、学術調査によって遺跡の状態を記録することを条件に、建造を認めることとなりました。

この学術調査は、文化財保護委員会・大阪府教育委員会・四天王寺の三者合同機関とし、三年に及ぶ大規模な発掘調査となりました。中心伽藍の配置やその規模が創建当初からほとんど変わっていないことが考古学的に証明され、さらに伽藍完成までにかなりの時間を要しており、段階的に伽藍が造営されたことが想定されるなど、学術上極めて重要な成果をあげる調査となっています。

36 戦後復興の軌跡②

伽藍の復興には、東京大学教授の藤島亥治郎《がいじろう》氏ら専門家によって構成される伽藍復興建築協議会が組織され、四天王寺式伽藍配置の保存を前提として、できうる限り創建時の姿を復元するという再建の基本構想が定められました。

昭和三十二年（一九五七）五月の五重塔地鎮祭（起工式）を皮切りに、昭和三十四年（一九五九）四月に五重塔が落慶、続いて昭和三十六年（一九六一）三月十五日に金堂が落慶し、講堂・中門・東西重門・回廊・龍の井戸が順次再建されました。

そして昭和三十八年（一九六三）十月十五日から五十五日間にわたり、四天王寺復興大法要が厳修されます。戦後二十年を経ずして、不死鳥の如く復活した四天王寺伽藍は、地域の人にとって戦後復興の象徴であり、希望の光となったに違いありません。

この伽藍復興には当然莫大な資金が必要となるため、昭和三十一年（一九五六）に四天王寺復興奉賛会が設立され、勧進活動が行われました。昭和三十二年には、一山をあげて五

奥殿落慶法要

重塔再建祈願托鉢大行脚《たくはつだいあんぎゃ》が行われたほか、毎年秋には勧進相撲大阪場所が挙行され、毎場所、大日本相撲協会より再建費として金一千万円の寄付を受けました。この勧進相撲は、伽藍落慶まで計七回実施され、大きな成果を結んでいます。現在の中門は大日本相撲協会により、仁王像（仏師松久朋琳・宗琳両氏作）は相撲協会東西会によって寄進されたものです。このほか、松下幸之助氏が西大門と庭園茶室の和松庵《わしょうあん》を一人で寄進するなど、多くの篤志家に支えられた復興でした。

さらに昭和伽藍復興を記念し、四天王寺に美麗な荘厳経《しょうごんきょう》である「昭和荘厳経」が奉納されました。これは法華経・維摩経・勝鬘経の太子三経など三十九巻を、田中塊堂《かいどう》ら当代を代表する書家四十九名が分写したもので、料紙は田中親美《しんび》が手掛け、経箱は東京藝術大学の教員であった新村撰吉が古代漆皮箱の技法で制作し、それらを収める外箱には生田花朝が絵を施しています。その質・量ともに、近代日本における荘厳経の白眉といえるでしょう。

復興事業の締めくくりとして、聖霊院奥殿の再建が進められます。昭和五十四年（一九七九）十月十三日から二十一日にわたり、聖徳太子奥殿落慶大法要及び四天王寺伽藍復興記念大法要が挙行されました。連日各宗本山が慶讃大法要を行い、最終日には、奥殿落慶結願大法要・聖霊会舞楽法要が厳かに営まれました。四天王寺史上においても未曾有の盛儀であり、ここに戦後復興が成就したのでした。

37 聖徳太子千四百年御聖忌そして未来へ

激動の昭和・平成を経て四天王寺は令和の時代を迎え、百年に一度の大事業である「聖徳太子千四百年御聖忌」を目前に控えていました。

昭和三十八年に復興を遂げた中心伽藍は、六十年以上の時を経て、塗装の褪色などの外装の劣化、さらに耐震性の問題が懸案となっていました。聖徳太子千四百年御聖忌を迎えるにあたり、その記念事業として、平成二十七年〜三十年の三箇年半にわたり伽藍の大改修が実施されます。

平成二十七年（二〇一五）九月七日、工事の安全を祈願する「中心伽藍耐震改修工事安全祈願法要」が執行され、五重塔の改修が開始されます。昭和再建以来はじめて相輪が地上に降ろされ、輝かしい金色の塗装が施されました。また耐震補強のため、初層四隅の梁から地下十数メートルに延びる新たな地下柱を設置し、基礎と塔身とを強固に縫い付ける措置がとられています。これに続いて講堂・金堂も美装工事が実施されました。

この間、公益財団法人天野山文化遺産研究所によって各堂の壁画や龍の井戸屋形天井「青龍図」の修復が行われました。また永年の風雪によって褪色や彩色の剝落の目立っていた中門仁王像の修復が行われます。同像を制作した松久朋琳・宗琳を引き継いだ松久宗琳仏所が三か月にわたり現地に詰めて作業し、仁王像の色を鮮やかな青と朱に塗りなおして像容を新たにしています。

このほか戦災によって失われた堂宇の復興も徐々に進められ、伝教大師像を安置する一乗院、聖霊院北側には、用明天皇を祀る用明殿が再建されていきました。

順調に事業を進めていた矢先、新型コロナウィルス感染症の拡大の波は、四天王寺にも大きな影を落とします。これまでいかなる時も人々を受け入れてきた四天王寺は、その歴史上はじめて門扉を閉じることとなりました。しかしその間も、信者さんからの供養の申し込みは途絶えることなく、無人となった境内でも、堂内では日々供養の法要とともに、コロナ禍終息を祈願し続けました。毎年多くの人が参詣に訪れる聖霊会も、この時は無参拝者法要として聖霊院内でひっそりと行われています。

コロナ禍終息の目途が立たない不安な日々のなかであっても、御聖忌に向けた準備は粛々と進められました。令和三年（二〇二一）、四天王寺は「聖徳太子千四百年御聖忌」を迎えます。全国の太子ゆかりの寺院では様々な法要が行われ、四天王寺でも同年十月～翌令和

聖徳太子千四百年御聖忌慶讃大法会

四年四月にかけて、各宗本山を招いた「聖徳太子千四百年御聖忌慶讃大法会」が実施されました。そして四月二十二日、結願法要となる聖霊会が、古式に則って盛大に厳修されました。コロナ禍を乗り越え、多くの人々が見守る中、夜遅くまで続けられた壮麗な舞楽法要は、百年に一度の節目にふさわしい盛儀となりました。

四天王寺は聖徳太子による創建以来、幾度となく災禍にあってきましたが、その都度伽藍を再建し、人々の心の拠り所として、まちのシンボルとして存在し続けてきました。国宝・重要文化財といった歴史的価値を有する建造物や美術工芸品のみならず、法会や行事などの伝統も絶やすことなく継承しえた背景には、多くの篤い帰依と、四天王寺を守ろうとしてきた人々の想像を絶する努力がありました。

日本屈指の古代寺院である四天王寺が、いかにして今なおその法灯を継承し、「生きる寺院」としてあり続けてきたのか。それは、常に衆生に寄り添う四天王寺があったこと、そして地域の人々がいかなる時も四天王寺を支援してきたこと、この相互的な関係性が千四百年という途方もない時間にわたって維持されてきたからに他なりません。

「また天王寺さんに参ろか」というたくさんの想いに支えられながら、四天王寺はこれからもその歩みを進めていくことでしょう。

【第二部】

四天王寺新縁起拾遺

1 病と仏教

医療の発展した現代社会では無縁かと思われていた疫病の流行が、現実の問題として世界規模でおこり、経験したことのない病への恐怖が、私たちの平穏な日常生活を脅かしています。

過去に目を向けると、人類の歩みは病との戦いの連続でした。コロナ禍は未曽有の事態でありますが、これもまた繰り返される歴史の一幕なのです。「疫病の流行」を経験した今だからこそ、過去に起こった同じような事態に共感し、歴史を深く理解する機会ととらえることもできるでしょう。ここでは、日本の歴史、特に仏教と病がどのように関わってきたのかを概観していきたいと思います。

世界史にみる疫病

日本のお話を始める前に、まずは世界史における疫病の流行について触れておきましょう。

一五一九年、スペイン人のエルナン・コルテスがメキシコに上陸し、一五二一年には高度に文明を発展させていたメキシコのアステカ帝国を滅亡させました。六百人ほどのコルテス一派が、数百万のアステカ人を征服したのです。これは世界史上において非常に衝撃的な事件でした。

この背景には、スペイン人が持ち込んだ天然痘の大流行が一因にあるといわれています。天然痘は、天然痘ウィルスによる感染症で、後述のように日本においても多くの死者を出した病です。ここで押さえておきたいことは、アステカ人がバタバタと病に倒れていく中、同じ環境で生活しているはずのコルテスはじめスペイン人はピンピンしていたという事実です。これは抗体を持つスペイン人に対し、抗体を持たないアステカ人にウィルスが容赦なく襲いかかったということを意味しています。

医学の発展した現在ではこうしたことが理屈でわかるのですが、知識を持たない当時の人々にとって、敵には無害で、自分たちにだけ罹患するという病気は、想像を絶する恐怖をもたらしたことでしょう。この疫病の流行により、アステカ帝国は全住民の三分の一近くが死亡したといわれています。

さらに世界史上において広く知られている疫病が、ヨーロッパを中心に流行したペストです。この病気はペスト菌による感染症で、皮膚に黒紫色の斑点や腫瘍ができることから黒死病とも呼ばれます。

一三四七年、イタリアのシチリア島に上陸したペストは、瞬く間にヨーロッパ中に広がりました。この時の感染は、モンゴル帝国の世界的拡大が原因といわれています。領土拡大のため中国の内陸部（雲南省）に侵攻したモンゴル軍が、菌を保有したノミやネズミをモンゴルに持ち帰り、それがモンゴル帝国との東西交流・交易によってヨーロッパにもたらされたというのです。コンスタンティノープルから出港した十二隻のガレー船（帆と人力の軍艦）が、シチリア島に菌を持ち込んだとみられ、この流行により当時の世界人口の二割にあたる一億人が死亡したと推計されています。

このようにみると、疫病の拡大は人の移動によって引き起こされることがわかります。文明が発展することで、都市が栄え、都市間を結ぶ交通網が整備されて人々の往来が盛んになります。交易の隆盛は、一方で未知の病をもたらすという負の側面も持っていました。これが歴史上における疫病の流行をひも解く一つのポイントとなります。

日本史にみる疫病

仏教伝来と疫病

日本への仏教伝来は宣化《せんか》天皇三年（五三八）あるいは欽明《きんめい》天皇十三年（五五二）といわれ、百済から新しい宗教である仏教がもたらされました。その仏教をめぐって、蘇我氏と物部氏による崇仏・排仏の争いがおこったことはご承知のことと思います。しかし、その崇仏・排仏の対立に疫病が関わっていたことはあまり知られていないかもしれません。まずは飛鳥時代の疫病の事例として、この時期の記録をご紹介しましょう。

『日本書紀』敏達《びだつ》天皇十四年（五八五）条には次のような逸話が出ています（現代語訳：宇治谷孟『日本書紀（下）全現代語訳』／傍線：筆者）。

○十四年春二月十五日、蘇我大臣馬子宿禰《そがのおおおみうまこのすくね》は、塔を大野丘の北に建てて、法会の設斎を行った。先に達等が得た舎利を、塔の心柱の下に納めた。二十四日に蘇我大臣は病気になった。卜者に占わせると、卜者は、「父の時に祀った仏に祟られています」といった。大臣は子弟を遣わして、その占いに表われた亀裂の形を奏上した。帝は「卜者の言葉に従って、父のあがめた仏をお祀りするように」といわれた。大臣は仰せに従い石像を礼拝し、寿命を延べ給えとお祈りした。このとき国内に疫病がおこって人民の死ぬ者が多かった。
○三月一日、物部弓削守屋《もののべのゆげのもり》大連《やおおむらじ》と、中臣勝海《なかとみのかつみ》大夫《のまへつきみ》は奏上して、「どうして私どもの申し上げたことをお用いにならないのですか。欽明天皇より陛下の代に至るまで、疫病が流行し、国民も死に絶えそうなのは、ひとえに蘇我氏が仏法を広めたことによるものに相違ありませぬ」といった。天皇は詔《みことのり》して、「これは明白である。早速仏法をやめよ」といわれた。

蘇我馬子が病気になったため、占師に従って礼仏したところ、国内に疫病が起こって、多くの人民が亡くなりました。これを問題視した排仏派の物部守屋は、この疫病の流行は蘇我氏が仏法を広めたからであると天皇に直訴します。これに天皇も納得し、仏法をやめるように詔がくだされます。

これを受けた守屋は、馬子の寺塔を焼き、焼け残った仏像を集めて、難波の堀江に捨てさせました。また、役人は尼らの法衣を奪い、捕えて海石榴市《つばいち》の馬屋館につなぎ、尻や肩を鞭うつ刑にしたといいます。この場面は、聖徳太子絵伝にも描かれています。

天皇は任那の再興を考え、坂田耳子《さかたのみみこ》王《のおおきみ》を使いにえらばれた。このとき天皇と大連が急に疱瘡に冒された。それで遣わされることをやめた。橘豊日《たちばなのとよひの》皇子《みこ》（後の用明天皇）に詔て、「先帝の勅に背かぬように、任那復興の政策を怠るな」といわれた。疱瘡で死ぬ

「聖徳太子絵伝」橘保春筆　第2面 部分「物部守屋ら堂塔仏像を破壊す」

者が国に満ちた。その瘡を病む者が、「体が焼かれ、打たれくだかれるように苦しい」といって泣き叫びながら死んでいった。老いも若きもひそかに語り合って、「これは仏像を焼いた罪だろう」といった。

しかし今度は、天皇と守屋が急に痘瘡（天然痘）に冒されたというのです。しかも、天皇だけでなく国内に天然痘が流行し、激しい苦しみとともに亡くなっていきました。民の間で、守屋が仏像を焼いた祟りだと噂が広まります。その頃、自身もいまだ病に苦しんでいた馬子は、次のように天皇に奏上します。

夏六月、馬子宿禰が奏上して、「私の病気が重く、今に至るもなおりません。仏の力を蒙らなくては、治ることは難しいでしょう」といった。そこで馬子宿禰に詔して、「お前一人で仏法を行いなさい。他の人にはさせてはならぬ」といわれた。三人の尼を馬子宿禰に返し渡された。馬子宿禰はこれを受けて喜んだ。珍しいことだと感歎し、三人の尼を拝んだ。新しく寺院を造り、仏像を迎え入れ供養した。

こうして馬子に対し、仏教を信仰することが認められます。このように、仏教が日本に取り入れられる過程にも疫病が深く関わっていることが確認できるでしょう。

前述のように、疫病の流行は、異なる国や人種が交わることによって起こります。仏教伝来時には、使者として百済の人々が来朝しました。当然ながら、使者が一、二人だけでやって来るようなことはなく、それに仕えるたくさんの人を伴って往来するのです。あるいは、遣隋使として大陸に渡った人々が帰朝することもあったでしょう。仏教などの新しい文化がもたらされた一方で、病もまた一緒にもたらされたのです。アステカ帝国滅亡の例のように、保菌者には全く無害であっても、免疫のない人々はひとたまりもなく病に侵されてしまいます。このように、外国からの新しい文化の流入は、未知の病との遭遇でもあったわけです。

奈良時代における疫病

天下豌豆瘡《わんずがさ》を患いて（俗に裳瘡《もかさ》という）、夭死する者多し。

これは『続日本紀』（天平七年閏十一月二十一日条）に記される、奈良時代の天然痘流行を象徴する一文として知られています。天平七年（七三五）の天然痘の大流行は、人々を恐怖に陥れました。この背景にも、やはり外国の使者との交流があったのです。

天平七年一月、新羅からの使節が入京し、三月には遣唐使が唐人やペルシャ人を連れて帰国しています。また四月には、入唐留学生である吉備真備が唐札・武器等を献上し、玄昉らが唐からの仏像・経論を献上しました。このころから、特に太宰府管内にて疫病が流行し始めます。一説に、当時新羅で流行していた豌豆瘡（天然痘）が伝わったとみられています。『続日本紀』天平七年八月条には、この大宰府での疫病流行に対する朝廷の対応が記されます。

此のごろ、大宰府に疫死せる者多しと。疫気を救療して以て民命を済《すくわ》んと欲す。是を以て、幣を彼の部の神祇に奉り、民のために祈禱せん。又府の大寺及び別国の諸寺に、金剛般若経を読ましむ。仍《よ》りて使を遣わして、疫民に給じ、ならびに湯薬を加えしむ。又その長門の以還、諸国の守もしくは介、専ら斎《とき》し、あるいは道饗《みちあえ》の祭祀せよ。

大宰府における神々への祈禱ならびに、府の大寺（観世音寺）をはじめ各地の諸寺にて金剛般若経を読誦させ、また使者を派遣して患者に湯薬を施したといいます。また長門（現在の山口県）より東側の諸国の守・介（今でいう各国の長官）には、心身を清め、悪霊や悪疫が都に入るのを防ぐ道饗の祭祀を命じました。

この九州に端を発した新羅の豌豆瘡は、畿内にも広がり、天平九年（七三七）には藤原不比等子息の四兄弟（武智麻呂《むちまろ》・房前《ふささき》・宇合《うまかい》・麻呂）がこの病で相次いで死亡しています。国の中枢を担う四兄弟の病死は、国家をも揺るがしかねない深刻な影響を与え、社会を恐怖に陥れたのです。

歴史人口学者ウィリアム・ウェイン・ファリス氏の推計によれば、この天平七年～九年の天然痘による死者数は、一〇〇万～一五〇〇万人に達したとみられ、これは日本の総人口の三～四割に相当したといいます。

このような天然痘の流行や藤原四兄弟の死など、まだ不安を引きずった社会の中、聖武天皇が即位します（在位：七二四～七四九）。その在位中にも疫病の蔓延は収まらず、政府高官の相次ぐ病死に加えて飢饉や大地震、藤原広嗣の乱などの騒乱が絶えませんでした。聖武天皇は、このような社会不安を払拭し、仏教の力を使って国家を安定させようと考えます。こうして、天平十三年（七四一）に国分寺建立の詔を発して鎮護国家のため各地に国分寺や国分尼寺を建立し、天平勝宝元年（七四九）の東大寺大仏建立に至るわけです。

ところで、こうした奈良時代の疫病の流行には、相次いだ遷都も関係しているといわれています。中央集権国家の成立により、都を中心として、その周りに国司（地方の役人）が置かれ、地方の税が都に集まるように都市が整備されていきます。これに伴い、地方から中央への物資や人々の往来をスムーズにするために、七道（東海道・東山道・北陸道・山陽道・山陰道・南海道・西海道）が整備され、人々の長距離の往来が頻繁になっていきました。人々の移動＝病の移動であることは前述の通りで、こうして地方の病が都に入ってくることになるわけです。

聖武天皇は、自身の在位中に続く厄災を除くために四度も都を替えています。遷都とは都市そのものの移動ですから、当然、大規模な人の移動が伴います。病を除けるための遷都が、さらなる病の流行を促すという皮肉な結果を招いたのです。

【表】奈良時代の遷都

遷都先	施行
藤原京	持統天皇八年（六九四）十二月六日
平城京	和銅三年（七一〇）三月十日
恭仁京（※）	天平十二年（七四〇）十二月十五日
難波京（※）	天平十六年（七四四）二月二十六日
紫香楽宮（※）	天平十七年（七四五）一月
平城京（※）	天平十七年（七四五）九月十一日
長岡京	延暦三年（七八四）十一月十一日
平安京	延暦十三年（七九四）十月二十八日

（※）聖武天皇による遷都

疫病と御霊信仰

延暦十三年（七九四）に遷都した平安京では、盆地でかつ内陸の湿地という高温多湿の土地柄に加え、遷都による急激な人口の集中や、上下水道の不備などから、瘧《おこり》（マラリア）・裳瘡（天然痘）・咳病（インフルエンザ）・赤痢・麻疹などの病気が大流行しました。現代ならこういった病気の流行は、衛生環境によるものだとすぐにわかるのですが、古代の人々は、疫病や災害の流行は、政治的に不遇な死を遂げた人々の怨霊による祟りであると考えたのです。こうした怨霊を鎮めるために、御霊《ごりょう》を神として祀るようになりました。これが「御霊信仰」です。

貞観四年（八六二）の暮れから翌正月にかけて咳病が大流行します。多くの民が命を落とし、さらに大納言・源定《みなもとのさだむ》、内蔵権頭《くらのごんのかみ》・藤原興邦《ふじわらのおきくに》、平城《へいぜい》天皇皇女・大原内親王、淳和《じゅんな》天皇皇女・統忠子《むねのただこ》など貴族の周辺にも相次いで死者がでました。これに恐れをいだいた朝廷はこの厄災を、権力争いに巻き込まれて不遇の死を遂げた、崇道《すどう》天皇（早良《さわら》親王）、伊予親王、同親王の母・藤原夫人（吉子）、藤原仲成、橘逸勢《たちばなのはやなり》、文室宮田麻呂《ふんやのみやたまろ》の六霊の怨霊による祟りだと考えます。

貞観五年（八六三）、これらの諸霊を鎮めるため、国家主導により、大内裏に隣接する神泉苑において怨霊を「御霊」として祀り、僧侶による神前読経や芸能などが奉納される御霊会が行われました。

また、貞観十一年（八六九）には、陸奥で貞観地震が起こり、津波で多数の犠牲者が出るなど災害が重なったため、この年にも御霊会が行われました。この時の御霊会が祇園祭の起源とされています。

さらに、御霊信仰の象徴的な存在として菅原道真があげられます。道真が政治的謀略によって失脚し、大宰府にて亡くなった後、毎年のように干ばつや疫病など天変地異が起こり、ついには宮中の清涼殿が落雷で炎上してしまいます。道真がいよいよ雷神となって襲ってきたという恐怖から、天暦元年（九四七）以降に北野の廟堂に「天神」として祀られ、仏法によってその怒りが鎮められたのです。これが北野天満宮であり、この後、北野天神は鎮護国家の祭神として篤く信仰され、今日に至ります。

仏教における病人救済

病と「因果」

仏教と病の関係の基底には、「因果」の考え方があります。物事には原因と結果があり、善い行いをすればよい結果に、悪い行いをすれば悪い結果になるという考え方です。

仏教に深く関わってきた病のひとつにハンセン病があります。ハンセン病は、らい菌により末梢神経や皮膚が侵される慢性の感染症です。現在では、感染力も非常に弱く、ほとんどうつらない病気であることがわかっていますが、医学の未発達の時代には恐ろしい感染病と考えられ、外見的な病状もあり、東洋・西洋問わず差別の対象となってきました。仏教においても、『大智度論』に「諸病のうち癩病もっとも重く、宿命の罪の因縁の故に治し難し」と、業病《ごうびょう》であることが説かれることで、前世あるいは現世の悪業によって仏罰を受けた結果と考えられ、ハンセン病患者は激しい差別に苦しめられてきました。

その一方で、そういった苦しみの中にある人たちを救うことが善業とされ、仏教徒としての善業をなすために、病人や社会的弱者の救済が実践されます。中でも、激しい差別にさらされ、最もつらい立場にあるハンセン病患者を救うことが、大きな善業であると考えられたわけです。

聖徳太子と光明皇后――社会福祉のさきがけ

聖徳太子の重要な事蹟のひとつとして、四箇院制度の整備による社会福祉への貢献があげられます。四箇院とは、敬田院《きょうでんいん》・悲田院《ひでんいん》・療病院《りょうびょういん》・施薬院《せやくいん》のことで、特に敬田院以外の三院は、「国家大基、教法最要」として太子の福祉思想を顕在化したものとして語られ、わが国の社会福祉制度の創始と位置付けられてきました。

太子と四箇院に関する史料は、寛弘四年（一〇〇七）に発見された『四天王寺縁起』が初見です。『四天王寺縁起』は平安時代に太子に仮託して著されたものであり、これをもって史実とすることはできません。しかしながら、太子への信仰を背景に「太子の本願による福祉思想」として、四箇院の制度が後代に与えた大きな影響は特筆すべきでしょう。

太子創建と伝承される悲田院ですが、史料上では、養老七年（七二三）に山階寺（興福寺）に施薬院・悲田院が建てられたという『扶桑略記』の記録が最古になります。この悲田院建立には、藤原不比等の娘で、聖武天皇の后・光明皇后が関与していると考えられており、天平二年（七三〇）には、皇后宮職の中に施薬院が設けられ、その後都の東西にも悲田院が設置されています。篤い仏教信者であった皇后は、弱者救済の福祉施設建立に尽力したことで知られます。

悲田院は、中世になると主にハンセン病患者を寄宿させる施設として機能するようになっていきました。こうした中で、慈悲深い光明皇后と悲田院との関わりから派生して、皇后が垢すりをしたハンセン病患者が、実は阿閦仏の化身であったという「光明皇后湯施行説話」が語られるようになるわけです。

叡尊・忍性の病人救済事業

鎌倉時代になると、西大寺を再興した真言律宗の叡尊・忍性が、「非人」と呼ばれて差別を受けていたハンセン病患者の救済活動を実践します。その活動の根底には、四箇院制度を整えた太子への尊崇の念とともに、『文殊《もんじゅ》師利《しり》般涅槃《はつねはん》経《ぎょう》』（『文殊経』）に依拠する文殊信仰がありました。

『文殊経』では、文殊菩薩が貧窮・孤独の非人の姿となって救済活動を行う者の前に現れ、慈悲の心をもって福業（福祉事業）をなそうとする者かどうかを試すと説かれます。これが「福業を慈悲の心を以て行えば、文殊菩薩の姿に接することができる」と解釈され、患者一人一人が文殊菩薩なのだという信仰から、患者救済の事業に携わったのでした。

特に忍性の非人救済活動は大規模で、鎌倉の極楽寺周辺に薬師堂、療病院、らい宿、薬湯室、施薬悲田院を設けた他、奈良の北山十八間戸など、各地に非人療養施設を建立したことが知られています。

このような救済活動は、法会や祈禱などによる一時的なものではなく、恒常的な病気の治療・療養を基底とする活動であったことが特色です。叡尊・忍性によって、真言律宗教団は一五〇〇箇寺を有する規模に拡大し、彼らの死後も中世を通じて継続的に行われました。

科学技術の進歩は交通を急速に発展させ、現在では世界のどこにでも数日あればたどり着けるようになりました。しかしこれは同時に、地球の裏側にある病原体が、数日で私たちの目の前にやってくるということを意味します。それがもし近隣国であれば、その時間はわずか数時間です。新型コロナウィルスの世界的な流行は、こうした科学の発展と表裏一体であることを示しています。ただ一方で、そのウィルスから人類を守るのも、やはり医療・科学の発展なのです。

古の人々は、恐ろしい病に打ち勝つため、何よりまず神仏に祈りを捧げてきました。それが当時としてできる、唯一で最善の方法でした。だからこそ、新型コロナウィルスという未曽有の疫病流行に直面し、感染防止のため四天王寺が閉門するという事態は、過去に例のない極めて現代的な出来事だと強く感じられました。病を治すのはもはや神仏ではなくなったのです。

しかし、四天王寺では、その間もコロナウィルス流行の終息を日々祈願し続けていました。そして四天王寺を訪れる方々は、仏に手を合わせ、先祖への供養とともに、疫病終息を祈ります。平穏な日々がもどってくることをただ純真に神仏に祈る。「病と仏教」との関わりを見直した時、心のよりどころとしての信仰の存在にあらためて気づかされるのです。

2 四天王寺と夕陽

家隆塚

大阪メトロ「四天王寺前夕陽ケ丘」駅西側にひろがる「夕陽丘町」。この地名は、鎌倉時代前期の歌人・藤原家隆《ふじわらのいえたか》が晩年この地で過ごした「夕陽庵」に由来するといわれています。家隆はなぜ自房に「夕陽」と名付けたのでしょうか。上町台地から水平線に沈む夕陽が一望できたから？　ではなぜ夕陽が大事なのか――。こういったことを突き詰めていくと、最後には四天王寺における浄土信仰にたどり着きます。四天王寺の浄土信仰は、平安時代にはじまり、当時の時代背景や、聖徳太子信仰、四天王寺の立地など様々な要素が絡み合い、はぐくまれていった信仰です。

日想観について

ここで、まず「なぜ夕陽を拝むのか？」というところからお話していきましょう。仏教の経典に『観無量寿経』（略して『観経』）というお経があります。「○○経」と聞くと、何か難しい哲学的な内容が書かれていると思われるかもしれませんが、実はこの『観経』は、小説のような明快な物語になっています。あらすじをみてみましょう。

インドの阿闍世《あじゃせ》王子が、あるとき悪友の提婆達多《だいばだった》に「お前は父王に殺される」とそそのかされ、実父である頻婆沙羅王《びんばさらおう》を幽閉し、餓死させようとします。その后で阿闍世王子の母である韋提希夫人《いだいけぶにん》が、頻婆沙羅王を救おうとひそかに食料を運びますが、これも息子にばれ、夫人もまた幽閉されてしまいます。

実の子にこのような仕打ちを受けたことを嘆き悲しんだ韋提希夫人は、こんなひどい世を離れ、極楽浄土に往生できるよう、その方法を釈尊（釈迦）に尋ねるのです。すると釈尊は、極楽往生のための十六の修行の方法を夫人に説き始めるのでした。

これが『観経』のあらすじです。この釈尊によって説かれる十六の修行を「十六観」といいます。この修行の最終目標は、心の中に完全な極楽浄土を観想（イメージ）することです。そのために、極楽浄土のパーツをひとつひとつ段階的に想像していくことから始めます。浄土にある清らかな水を思い浮かべ、次に大地、次に樹木、建物、仏の坐す花、仏の姿――こうして最終的に極楽浄土を明確に心に想い描きます。
この十六観の最初の修行（初観）が、夕陽に向かって正座して拝み、じっと見つめて心の中に太陽をはっきりとイメージするというものです。浄土のある方角を向き、夕陽の先にある光り輝く浄土の世界のイメージを眼に焼き付ける修行で、これを「日想観《じっそうかん》」といいます。つまり、極楽浄土に往生するための第一歩が「夕陽を拝む」ということなのです。

四天王寺を取り巻く環境

四天王寺において、浄土信仰が取り入れられた背景にはいくつかの要因があります。当時の四天王寺を取り巻く時代背景を探ってみましょう。

四天王寺の浄土信仰が隆盛する少し前の天徳四年（九六〇）三月十七日、四天王寺は火災に見舞われます。記録上では『日本紀略』に「難波天王寺焼亡」との一文があるだけです。しかし戦後の境内の発掘調査により、南大門から食堂（六時堂北側にあった堂宇）に至るまで、主要伽藍のほとんどを焼失したことが判明しています。創建期の大伽藍が一時にして失われてしまったのです。

この天徳火災に伴う伽藍再建については、明確な記録はないものの、その後しばらく復興への道をゆっくりと歩んだものとみられます。東楽舎《ひがしがくしゃ》付近の平安時代の地層からは、講堂大棟に載っていた立派な鬼瓦が見つかっており、再建時の伽藍の痕跡がうかがえます。これらの被災と再建事業により、お寺は相当に疲弊していたことが想像されます。

一方、当時は、永承七年（一〇五二）にむかえる「末法」の世の到来におびえていました。「末法」とは、釈迦の教えの効力が無くなってしまうという時代のことで、当時の人々は「世界の終わり」を日々感じながら、現在の私たちからは想像もできないほどの大きな不安の中にいたのです。

そのような中、寛和元年（九八五）、天台僧の恵心僧都源信は『往生要集』を著して「厭《おん》離《り》穢《え》土《ど》・欣《ごん》求《ぐ》浄《じょう》土《ど》（穢れた現世を離れ、極楽往生を希求する）」の思想をひろめ、念仏修行の重要性を示しました。この書物によって、無限にひろがる地獄の恐怖や、六道輪廻の苦しみが広く世に浸透し、人々は極楽往生への強い憧れを抱くようになるのです。これが天台宗を中心に広がった浄土思想（浄土教）で、平安時代以降、人々の生活や日本の仏教文化に大きな影響を与えました。

四天王寺は天台宗に属する寺院でしたので、疲弊した寺を立て直し、今まで以上に多くの信仰を集めるため、天台宗で隆盛しつつあった浄土教を、信仰の軸として取り入れようと考えるのは自然な流れでした。

『四天王寺縁起』の出現

寛弘四年（一〇〇七）八月一日、四天王寺金堂内の金六重塔より、一巻の書状が発見されました（三五頁参照）。

そしてこの書のなかに、「宝塔金堂相当極楽土東門中心（四天王寺の五重塔と金堂は極楽浄土の東門の中心にあたる）」の一文がつづられていました。これは「四天王寺が極楽の入り口である」ということ、つまり末法の到来におびえ誰もが極楽往生を希求する時代において、「四天王寺に参れば極楽往生できる」という「太子のお墨付き」を得たことを意味します。この『縁起』の内容は瞬く間に世に広がり、往生を願う人々がこぞって四天王寺を訪れました。

さらに、四天王寺は小高い上町台地にたち、西を向くと水平線に沈む夕陽が一望できる立地にありました。太子の言葉に誘われて四天王寺に参詣し、この場所で日想観を修した人々は、鳥居に沈む夕陽を目の当たりにし、これまで経験したことのないような神々しい光に包まれるのでした。こうした極めて現実味のある浄土体験には、もはや難しい知識やお経の文言は必要ありません。深い感動とともに、極楽浄土の確かな存在感と救いへの希望が人々の心に刻まれていったのです。

こうして『縁起』の内容＝「太子の言葉」による裏付けとともに、四天王寺で浄土の光に包まれるイリュージョンを体験することによって、この地で浄土信仰が隆盛し、日想観や念仏の道場として貴賤を問わず多くの人々が参詣に訪れたのでした。『四天王寺縁起』の出現は、末法思想の広まりと浄土希求の社会情勢、太子の言葉を受け入れる素地としての太子信仰、夕陽を一望する立地、これらが絶妙にシンクロし、以後の四天王寺信仰の基盤ともなる「四天王寺の浄土信仰＝西門信仰」を生み出す契機となったのです。

鳥居に沈む夕陽

石鳥居のこと

四天王寺にはなぜ鳥居があるのでしょうか？　しばしば「神仏習合に関係するものですか？」と聞かれますが、私はそうではないと考えています。実はここにも浄土信仰が関係しています。

「熊野観心十界図」という仏画があります。これは熊野三山を維持する資金を集めるため、熊野比丘尼という女性の聖職者が全国を行脚し、各地で絵解きをするために携行したものです。仏教には、衆生が天・人・修羅・畜生・餓鬼・地獄の六つの世界（六道）をぐるぐると生まれかわるという「六道輪廻《りんね》」の考え方があります。この絵は、この六道にさらに四つの世界を加えた十の世界「十界」の様を描いたものです。

注目すべきは、その各世界の入口に鳥居が描かれているという点です。これは、鳥居の本来の役割が、「異なる世界への入口（結界）」であるということを示しています。神社に鳥居があるのは、我々の住む俗域に対し、鳥居の先は神様のいらっしゃる聖域へと続く、その入り口であるということを意味しています。

そして、四天王寺の鳥居も同じく二つの世界を隔てています。極楽浄土と俗世の二つの世界です。極楽浄土は夕陽の向こう側にあるわけですから、衆生の住まう俗世（四天王寺）と、極楽浄土へと続く鳥居の外とを隔てます。まさに四天王寺の鳥居は、浄土への入り口を示すゲートなのです。

このことから、四天王寺の鳥居は、お寺の中から鳥居の外を見るというのが正しい見方ということがわかります。神社では、境内が聖域、境外が俗域ですから、逆になりますね。ここに四天王寺鳥居の特殊性をみることができるのです。

いつから四天王寺に鳥居があったかは定かではありませんが、『四天王寺縁起』発見以降、西門が浄土信仰の霊場として整備されたのを契機に建立されたと私は考えています。鎌倉時代の絵巻である『一遍聖絵』によると、もともとは朱塗りの木造鳥居であったことがわかっていますが、永仁二年（一二九四）には、真言律宗の高僧で四天王寺別当を務めた忍性によって現在の石造に改修されています。四天王寺は何度も火災にあい、建物はすべて江戸時代以降のものですが、この石鳥居は中世に遡る唯一の遺構としても大変貴重です。

往生伝にみる西門

次に西門の登場する古記録から、当時の人々が「四天王寺の西門」という場所をどのようにとらえていたのかを見ていきましょう。

末法の迫る世の中、『四天王寺縁起』の出現により、人々が四天王寺の西門に救いを求め、参詣に訪れたことは、先述した通りです。平安時代に書かれた『往生伝』（善い行いの末に極楽往生を遂げた人々の伝記集）には、西門を舞台とするお話がいくつか掲載されています。ここでその中から、永快《えいかい》と行範《ぎょうはん》という二人の僧侶のお話をご紹介しましょう。

沙門永快は、金峯山《きんぷせん》千手院の住僧であった。独りを好み、弟子ですら、食事時でもない限りは、目も合わせないような状態であった。そんな中、治暦年中の八月、彼岸の中に天王寺に詣でて、一心に念仏すること、百万遍に達した。すると弟子を招き集めて、私財を分け与え、夜三半にひっそりと独り房の中を出て、高く弥陀尊を唱へ、専らに礼拝を行った。西に向かって行き、海に臨みて入滅した。人々が見に行くと、正座・合掌して、顔色も全く変わっていなかったという。

（『拾遺往生伝』／現代語訳：筆者。以下同様）

金峯山の住僧永快は、四天王寺で百万遍念仏を行ったのち、西の方角つまり極楽の方を向いて、穏やかに往生を遂げたというお話です。

比叡山の住僧であった行範は、世の中が乱れ、煩悩にまみれた自身がいやになり、普遍的な道理などどこにもないことを悟っていた。そして天王寺を訪れて、七日間断食をし、昼夜念仏修行に励んだ。そして、衣の中に砂を詰め、海水に投身し、そのまま沈んで亡くなった。後日、ある僧の夢の中にあらわれ「私は兜率天《とそつてん》浄土に生まれることができた（往生した）」と告げたのであった。

（『本朝新修往生伝』）

行範に至っては、七日の断食と念仏修行の末、衣に砂を詰めて、西門を出た先の海で、入水往生を遂げたという衝撃的なお話です。今の我々からは理解しがたい行為ですが、当時の人々にとっては、今生きている世界よりも、来世にどのように生まれ変わるのか、極楽に往生できるのかということが、極めて重要な問題でした。『往生要集』が説いた「厭離穢土・欣求浄土」の思想は、それほどに身近で、深刻な問題だったのです。

現世を憂い、いかにして極楽往生をとげるのか、当時の人々は、その答えを、極楽浄土へと続く四天王寺の西門に見出したのでした。

一心寺のこと

四天王寺の石鳥居を出てその先の逢坂を少し下ったところに一心寺があります。一心寺は浄土宗のお寺で、お骨仏のあるお寺としても知られています。この一心寺の創建にも、四天王寺の浄土信仰が関わっています。

鎌倉時代に、慈円《じえん》という僧侶がいました。慈円は、天台座主を歴任した高僧で、二度にわたり四天王寺の別当《べっとう》を務めています。その背景には、聖徳太子への篤い信仰があり、建保七年（一二一九）には、太子に捧げる百首の和歌を聖霊院に奉納しているほか、太子信仰の布教に重要な役割を果たした絵堂を再興するなど、鎌倉時代の四天王寺の発展に大変尽力した人でした。

一方で熱心な浄土信者でもあり、自身が再興した絵堂に「九品往生図」などを描かせたほか、慈円が「浄土まいり」と名付けた、目隠しをして石鳥居を目指す庶民の遊びの様子は、四天王寺のシンボルとして広く知られるようになりました。

文治元年（一一八五）、その慈円の招きにより、法然上人が四天王寺を参詣します。法然

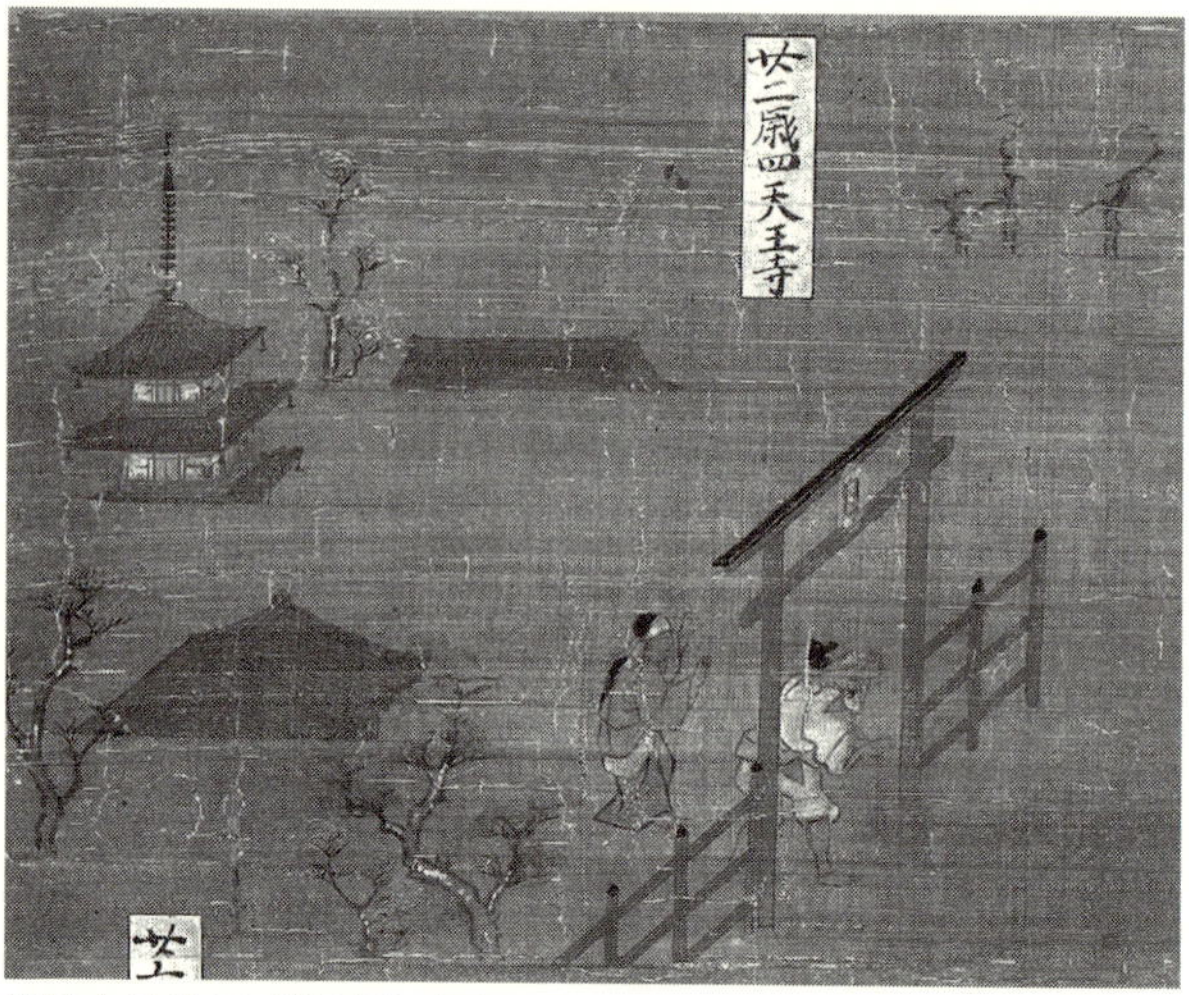

聖徳太子絵伝（第3幅）部分
四天王寺鳥居と「浄土まいり」が描かれる。

は、浄土により近く、夕陽がよく一望できる場所を求め、四天王寺西門の西、逢坂の脇に草庵を建て、そこで日想観を修したといいます。そして、茶臼山（荒陵）の別所ということで、この草庵を「荒陵《あらはか》新別所《しんべっしょ》」と号しました。

後白河法皇が四天王寺の五智光院に行幸された折には、法皇がこの新別所に立ち寄られ、法然とともに日想観を修し、互いに和歌を詠まれています。

阿弥陀仏と　いうより外は　津の国
の　難波のことも　あしかりぬべし
法然上人

難波潟　入りにし日をも　詠むれば
よしあしともに　南無阿弥陀仏
後白河法皇

弱法師図（下村観山筆）

このち、新別所は法然にちなんで「源空庵」と改称されます。中世の動乱などを経て、源空庵は荒廃していましたが、慶長元年（一五九六）に、三河国の僧侶であった本誉《ほんよ》存牟《ぞんむ》上人によって再興されました。上人は、法然の旧跡であるこの地で一千日の昼夜不臥《ふが》の念仏修行を行い、この「一心称名」の修行にちなみ、「一心寺」と名付けたといわれています。

俊徳丸の物語

浄土信仰の道場として人々が集った四天王寺の西門は、この場所を舞台とする芸能も生み出しました。室町時代に観世《かんぜ》元雅《もとまさ》が作った謡曲（能）に『弱法師《よろぼし》』というものがあります。

高安長者の息子である俊徳丸は、人の讒言を信じた父・通俊によって家から追放されてしまい、悲しみのあまり盲目となってしまいます。救いを求め、夕陽を拝むため、俊徳丸は彼岸の中日に四天王寺を訪れます。そこで日想観を行うと、まばゆい光に包まれ、目が見えるようになったのです。興奮してあちこちへ歩き回る俊徳丸でしたが、にぎわう人々とぶつかってよろけ、すぐに現実に引き戻されてしまいます。目が見えるようになったのは錯覚であったのでした。周囲の人々に嘲笑される中、俊徳丸は二度と浮かれまいと誓います。日が暮れ一人になった彼に、偶然居合わせた通俊が寄り添い、家に連れて帰るのでした。

この物語は、古くから伝わる「俊徳丸伝説（高安長者伝説）」に取材した物語です。もともとのお話は、継母によって失明させられた俊徳丸が、重篤な病気にも侵されて苦しい日々を送っていたところ、四天王寺の観音に祈願をすることで、目や病が治り、許嫁とも結ばれて幸せに暮らしたというハッピーエンドの物語でした。しかし、この謡曲『弱法師』では、礼拝の対象が観音から夕陽（日想観）に変わり、しかも盲目が治ったと思ったものの、それは錯覚に過ぎず、結局は何も変わらないという厭世観を強調するかのような結末になっています。こうした結末は、極楽往生こそ唯一の救いの道であるという浄土思想の影響を受けたものです。四天王寺の観音信仰から、浄土信仰をベースとした物語に展開することで、結末もそれに応じて変わっていくという点は興味深いところです。

四天王寺の浄土信仰は、上町台地という立地をいかし、四天王寺の置かれていた状況、時代背景などが複合的にからみあってはぐくまれました。しだいに四天王寺を支える大きな柱となり、芸能にも取り込まれることによって、より身近な信仰となっていきます。まさにこの地は、夕陽とともにあった「夕陽の町」なのです。

今も春秋のお彼岸では、鳥居に美しい夕陽が沈みます。是非四天王寺にお参りいただき、同じ場所で、同じ夕陽を見てきた古の人々に想いを馳せてみてはいかがでしょうか。

3 四天王寺という〝場〟——説経節にみる救済・復活・再生の物語とその背景——

ここで取り上げる説経節《せっきょうぶし》は、中世から近世において、仏教の唱道をベースとして民衆の間に広まった芸能です。なかでも「小栗判官《おぐりはんがん》」「さんせう太夫」「しんとく丸」「かるかや」「愛護《あいご》の若《わか》」の五つが五説経として知られています。このうち「小栗判官」「さんせう太夫」「しんとく丸」には、物語の中に四天王寺が舞台として登場します。いずれも苦しい境遇にある主人公が、救いを求める中で、四天王寺にたどり着き、再起を果たすというストーリーです。なぜ四天王寺がそのような場所として登場するのか、その背景について考えてみたいと思います。

小栗判官が通った道

まず「小栗判官」のあらすじをみておきましょう。主人公の小栗判官は、非常に豪快な武者でありました。ある時武蔵相模の横山の一人娘・照手《てるて》の美貌を聞きつけた小栗は、照手と強引に契りを結んでしまいます。これに怒った横山が、小栗を彼の家臣十人とともに毒殺してしまいました。小栗はその十人と一緒に地獄に落ちるのですが、家臣たちが閻魔大王に主人だけは助けてほしいと懇願したことで、その忠誠心に免じて小栗だけは生き返らせてやろうということになります。ただし、小栗は非常に醜い餓鬼の姿で、現在の神奈川県藤沢の遊行寺《ゆぎょうじ》の上人のところに蘇生したのでした。

物言えぬ餓鬼となった小栗ですが、閻魔大王が「この者を熊野本宮に連れてやるように」という札を下げてくださっていたおかげで、藤沢の上人自らによって土車に乗せられて熊野を目指すことになりました。上人は途中で熊野行きを断念するものの、小栗は多くの人の手助けにより熊野までたどり着くことができ、湯の峯温泉の「壺湯」につかって復活したというお話です。

このお話の中では、熊野の道中にある四天王寺が登場します。小栗の旅は熊野での湯治が目的ですが、熊野という場所は浄土信仰とも深く関わっており、一般に熊野詣は浄土往生祈願へ向かう道中ということになります。その熊野へ向かう熊野街道が、浄土信仰の重要な地である四天王寺を経由しており、まずは道中にある四天王寺を目指したわけです。

熊野街道というのは京都を出発地として熊野を目指す街道です。京都の伏見から淀川を下って現在の天満橋辺りから上陸し、そこから南下して紀伊半島の西の海岸沿いに進み、和歌山の田辺の方へ向かっていくわけです。これを「紀伊路」あるいは「紀路」と呼びます。また小栗が復活を目指して通ったことから、この紀伊路は別名「小栗街道」とも呼ばれています。

この道中において、上町台地を進む際に、必ず四天王寺に立ち寄ることになります。この説経節を題材にした「小栗判官絵巻」（岩佐又兵衛筆、江戸時代、皇居三の丸尚蔵館所蔵）にも、土車に載せられた小栗が、四天王寺の前を通過する場面が描かれています。小栗は熊野街道を通って熊野を目指し、そこで復活を遂げたのでした。

厨子王が復活した四天王寺

「さんせう太夫」はとても長い話なのですが、まずはおおまかなあらすじを確認しておきましょう。

奥州の役人であった岩城判官正氏《いわきはんがんまさうじ》が帝の怒りを買って太宰府に流罪となってしまったため、その子である安寿《あんじゅ》と厨子王《ずしおう》の姉弟は、母と乳母とともに、帝に領地の安堵を訴えに京へと旅立ちます。その道中で四人は人買いにそそのかされ、母と乳母は蝦夷《えぞ》へ、安寿と厨子王は丹後国の山椒太夫《さんしょうだゆう》のもとへ売られてしまい、その地で二人は奴隷の如くひどい生活を強いられます。この境遇に耐えかねた安寿は、すきを狙って厨子王を逃がしますが、自身はその咎《とが》を受けて拷問の末に惨殺されてしまいます。追手から逃れ逃れて都へとたどり着いた厨子王でしたが、足腰が満足に立たないまでに衰弱していました。このような瀕死の状態の厨子王でしたが、都童子によって土車に乗せられて四天王寺へと半ば捨てられるようにして連れて来られたのでした。

ところが、四天王寺にやってきた厨子王は、石の鳥居にしがみついて「えいやっ」と立ってみると、太子の御利益があったのか、立ちあがることができたのです。ちょうどその時、偶然に通りかかった阿闍梨大師《あじゃりだいし》の目に留まり、厨子王は御茶の給仕役として寺に仕えることとなります。これを契機として、厨子王は都屈指の貴族である梅津院の養子に迎えられ、当初の目的であった奥州の領主に返り咲き、蝦夷に送られた母との再会をも果たしました。そして、山椒太夫一族を呼び寄せ、太夫の首をその息子に竹鋸《たけのこぎり》で三日三晩ひかせるという極刑をもって復讐を遂

説経節『さんせう太夫』挿図

げるのでした。

故郷を出た厨子王は道中にひどい目にあい、家族を失いながらもなんとか瀕死の状態で都にたどり着きます。そこには親切な子どもたちによって救いの手が差し伸べられますが、とはいえずっと面倒をみ続けるわけにもいかず、ついには他に行き場所がないということで四天王寺に連れてこられたのです。

ここから読み取れるのは、四天王寺という場所が、誰も面倒をみられなくなったため、最後の手段として連れて行く場所であったということです。最終的に厨子王は四天王寺にたどりついたことで復活を遂げることになります。ここでの四天王寺は人生を逆転する舞台として登場しています。

説経節「しんとく丸」と高安長者伝説

「しんとく丸」の主人公の信徳丸《しんとくまる》は、河内の高安長者の一人息子でしたが、実の母親が亡くなってしまった後、自分の息子を跡継ぎにしたいと考えた継母が夫に讒言《ざんげん》を吹きこんで、ついには彼を館から追い出してしまいます。さらにこの継母がかけた呪いによって、信徳丸は重篤な病気になってしまいます。その病気が業病とされていたため、虐げられた信徳丸は、ついには四天王寺に捨てられてしまうのでした。

ここで信徳丸は、清水の観音の霊夢により、業病回復のため熊野本宮の湯の峰に一人向かうことになります。しかし途中、許嫁であった和泉国の乙姫の館にて、館の者にその醜い姿を嘲笑されてしまいます。激しい恥辱感によって熊野行きを断念した信徳丸は、四天王寺にて餓死することを決意します。ところが、心配して後を追ってきた乙姫と四天王寺の引聲堂《いんぜいどう》で再会し、その後清水の観音の加護によって元の姿に復活することができ、乙姫と幸せに暮らしたのであったというお話です。

この物語には、四天王寺が二度登場します。一度目は病気になり捨てられる場所として、二度目は、熊野行きを断念して死に場所として戻り、そこで復活を果たす舞台となっています。厨子王と同様に身寄りのない病人として、最後の行先として四天王寺にたどり着いているのです。

ここで注目したいのが、信徳丸が死に場所として選んだのが四天王寺の引聲堂であるという点です。第二部「四天王寺と夕陽」で述べたように、四天王寺の西門域は浄土信仰の霊場として知られ、極楽往生を叶える場所として隆盛した場所でした。この西門域には、平安時代より高貴な人が念仏修行するために念仏堂が整備されており、江戸時代には「引聲堂」と「短聲堂《たんぜいどう》」という名の堂宇として継承されていました。つまり現世での救いをあきらめた信徳丸は、来世への極楽往生を遂げるため、観音（本尊救世観音）の祀られる金堂

四天王寺引聲堂

ではなく、浄土へとつながるとされる西門の念仏堂（引聲堂）を選んだわけです。細かい点ではありますが、当時の人々は、現世利益を願うのは観音、来世の極楽往生へは西門というように明確に区別して描写していることがわかります。

さて、信徳丸に関わる伝説にはいくつかの系譜が存在しています。いずれも「高安長者伝説」を下敷きとするものですが、四天王寺の観音に祈願して復活するという筋書もあれば、説経節のように、京都・清水寺の観音のご加護を得るという話もあります。近世になると、「愛護の若」にみる継母との禁断の恋という題材なども組み合わさって「摂《せっ》州《しゅう》合邦辻《がっぽうがつじ》」という物語が生み出され、浄瑠璃や歌舞伎で人気を博しました。さらに現代では、これを題材にした戯曲として寺山修司の「身毒丸《しんとくまる》」が知られています。

こうしたなかで、同じくこの伝説を典拠とする謡曲「弱法師」が作られていますが、この「弱法師」では祈願をする先が四天王寺西門での日想観となっています。

説経節「しんとく丸」では、清水の観音への祈願によって復活するという筋書きでしたが、一方、西門の日想観で祈願する謡曲の「弱法師」では、復活が果たせず元のままという救われない結末になっているのです。

　このような結末に至るのは、浄土信仰が関係しているものとみられます。浄土信仰では、衆生が生きる六道の世界は苦しみにあふれた世界であり、唯一の救いは浄土に往生することだと説きます。そもそも日想観は、来世での極楽往生を願うものですから、「弱法師」のように日想観で祈願をしても、現世にいる限り救いはないのだという浄土的思想が強く反映されているわけです。

四箇院制度による救済

　これら三つの説経節では、熊野や四天王寺が、ひどい境遇にあった人が最終的に辿り着く場として位置付けられていました。ではなぜ四天王寺がそうした救済の場所として選ばれたのでしょうか。これを理解するカギとなるのが、四天王寺の四箇院《しかいん》制度です。『四天王寺縁起』の巻末には、四箇院（施薬院《せやくいん》・悲田院《ひでんいん》・療病院《りょうびょういん》・敬田院《きょうでんいん》）を建立する目的と役割が、太子の言説として記述されていますので、その概要を確認してみましょう。

　まず施薬院は、「これ一切の芝・草薬物の類を殖生せしむ。方に順《したが》ひて合薬す。各に随ひて楽しむところとし、あまねくもって施与す。」とあり、あらゆる種類の薬草を栽培し、正しい方法によって薬として調合する。そしてその薬をそれぞれの病状に応じて、まんべんなく施し与えると述べます。現在の薬局にあたる役割ですね。

続く療病院では、「これ一切の男女无縁病者を寄宿せしめ、日々養育すること師長・父母のごとし。病の比丘においては、相順に療治す。禁物の蒜《ひる》・宍《しし》、願楽するところに任せて、服し差し愈さしむ。ただし日期を限りて、三宝に祈り乞ひ、無病に至りては、戒律に違ふことなかれ。ゆめゆめつとめよつとめよ。」とあります。療病院はいわゆる病院のことで、男女の性別にかかわらず無縁の病人を寄宿させて、先生や父母のような優しい心を持って日々養育すると書かれています。注目すべきは、病気の僧侶に対しては「禁物の蒜、宍を与える」とある点です。「蒜」はニンニクなどの臭いの強い野菜、「宍」は鹿や猪の肉のことで、いずれも滋養強壮によい食べ物です。本来僧侶はこうしたものを食べてはいけないのですが、病気の僧侶に限っては、願いがあれば期限を区切って、治療のためにそれを与えるとしています。ただし病気が治ったならば、戒律を破らぬよう努めなさいと説きます。非常に柔軟で合理的な考え方です。

次の悲田院では、「これ貧窮・孤独・単己・无頼を寄住せしめ、日々眷顧し、飢渇致さしむることなかれ。もし勇状強力の時得れば、四箇院の雑事に役し仕らしむべし。」とあります。悲田院は、貧しく、孤独で身寄りのない者を寄住させて日々養うところで、そうした人々を喉が渇いたり飢えたりしないようにお世話しますと記します。加えてここからが重要なのですが、「もし勇状強力の時を得れば四箇院の雑事に携わるようにする」としています。つまり、弱っている間は懇ろに養うけれども、元気になったら四箇院の仕事を手伝いましょうと述べています。無条件に施しを与えるのではなくて、元気になったならば、それを四箇院や社会に還元しましょうと、社会復帰を促しているのです。

さらに太子は「三箇院、国家大基、教法最要」と述べ、施薬・療病・悲田の三院の考え方というのが、国家の基礎であって、また仏の教えの中でも最も重要なものだと語っています。現代の感覚でみても、社会福祉のあり方として共感できる考え方です。

そして最後には、敬田院は、悪を断って善い行いをすることで菩薩の境地に至るところであると説いています。敬田院とは四天王寺そのもののことで、寺院として仏教を広めるとともに、仏教によって人を導き、育てる役割も担っていました。それゆえ、厨子王が阿闍梨大師のもとで人として成長し、最終的に為政者にまでなるというストーリーは、人間教育の場としての敬田院の在り方を反映しているようにも思えます。

このように、『縁起』の中で四箇院のことが語られることによって、四天王寺が、今まで見捨てられてきたような人たちを飢えないように養うとともに、その後の社会復帰も助けてくれる、そういう場所であるということが標榜されているわけです。例えば鎌倉時代の

『一遍聖絵』には、鳥居の南側に小さな小屋を建てて人々が生活をしている様子が描かれています。四天王寺には、こうした人たちを決して排除せずに受け入れてきたという背景があるわけです。四天王寺が四箇院制度を実践する場所として広く認知されることによって社会的弱者が集まり、そして救われ、社会復帰を果たす場であったことから、この場所が再生・復活の象徴になっていったわけです。

なお四箇院の所在地ですが、『縁起』によると、乾《いぬい》の角に施薬院、艮《うしとら》の角に悲田院があり、その両者の中間に療病院があったとあり、そしてそれらは境内の外にあったといいます。四天王寺の乾（北西）の角は、現在、四天王寺前夕陽ヶ丘駅のすぐ横にある勝鬘院《しょうまんいん》がこの施薬院の場所にあたります。そこからちょうど反対側、艮（北東）の角にあるのが悲田院の場所で、おそらく今の大阪市天王寺区真法院町の辺りかと思われます。そして、その中間に療病院があったそうですから、場所は今の天王寺警察署の東側付近とみられます。江戸時代の絵図である「摂津国四天王寺図」にも同じ位置に「悲田院古跡」「施薬院古跡」「勝鬘院」が描かれており、その場所を確認することができます。

救いの場としての四天王寺

以上のように、浄土信仰の聖地であり、また四箇院制度実践の場として四天王寺があったことがわかります。四天王寺が聖徳太子創建の寺であるという長い歴史とともに、その信仰が『四天王寺縁起』＝「聖徳太子の言葉」によって裏付けされていることが大きな説得力を伴って人々に周知されていたのでしょう。そして実際に救いを求めて人々がお寺に来てみると、西門から水平線に沈む夕陽＝極楽浄土の神々しい光に包まれることで極楽浄土の存在を体感することができ、さらに四箇院の整備によって、社会的弱者が保護されるだけではなく、回復すれば社会復帰ができるという環境が整えられていたのでした。

四天王寺は、極楽往生をかなえる場所として栄えるとともに、太子の本願である社会福祉実践の場として整備されることで、救いを求める人たちを現世でも来世においても救済する二重構造のもとに存在していたのです。

天皇や貴族など身分の高い人だけではなく、民衆、特に恵まれない境遇にある社会的弱者の人々が最終的に救済される場として広く認知されていた四天王寺。こうした「救済の地＝四天王寺」という象徴的なイメージが広まっていたからこそ、説経節の中で不遇な境遇にある主人公たちが救いを求めてこの場所にやってきて、救済され、復活していく舞台になったのだろうと考えられるのです。

4 「夢来経」の出現——四天王寺伝来細字法華経とその伝承——

細字法華経とは、本来七巻や八巻に分けて書写する法華経を、微細な文字によって一巻の経巻にまとめたものです。中でも、聖徳太子前身の南岳大師慧思《えし》が御持していたと伝わる細字法華経は、聖徳太子伝のいわゆる「南岳衡山取経説話《なんがくこうざんしゅきょうせつわ》」に登場して、つとに知られる存在でした。この太子ゆかりの細字法華経が二本伝存しています。もと法隆寺に伝わり、現在は東京国立博物館蔵となっている法隆寺伝来本と、四天王寺伝来本です。いずれも聖徳太子にまつわる「聖遺物」として、両寺の什物の中でも特に崇拝されてきました。

「南岳衡山取経説話」と細字法華経

細字法華経をめぐる太子伝の「南岳衡山取経説話」は、太子の「南岳慧思後身説」を受けたもので、奈良時代にはすでに説かれていたことが確認されています。この伝承は、のちに法隆寺伝来の細字法華経を取り込み、その内容を変容させていく点に特色があります。

太子伝における本説話の初見は『上宮皇太子菩薩伝』で、思託《したく》が撰述した『延暦僧録』（七八八年）に掲載されています。そこには「使を発して南岳に往かしめ、先世に持誦の法

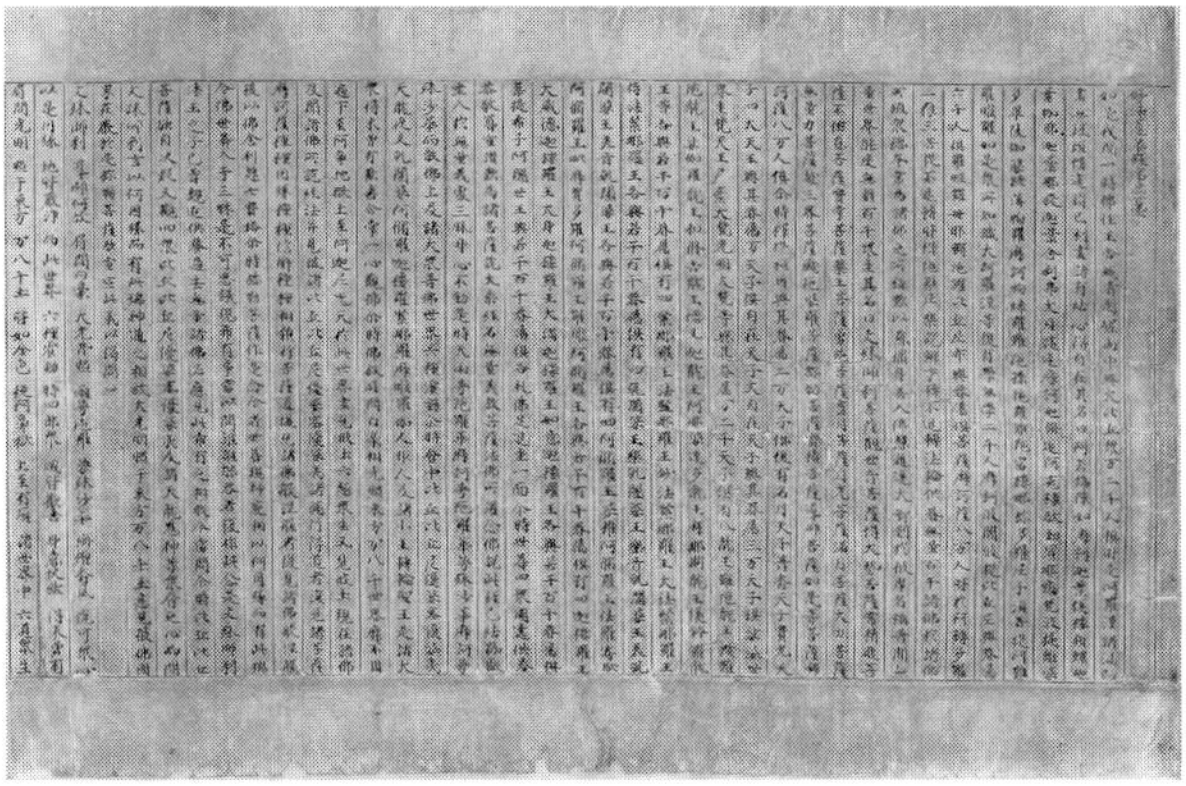

細字法華経 紙本墨書（四天王寺伝来本・重文）

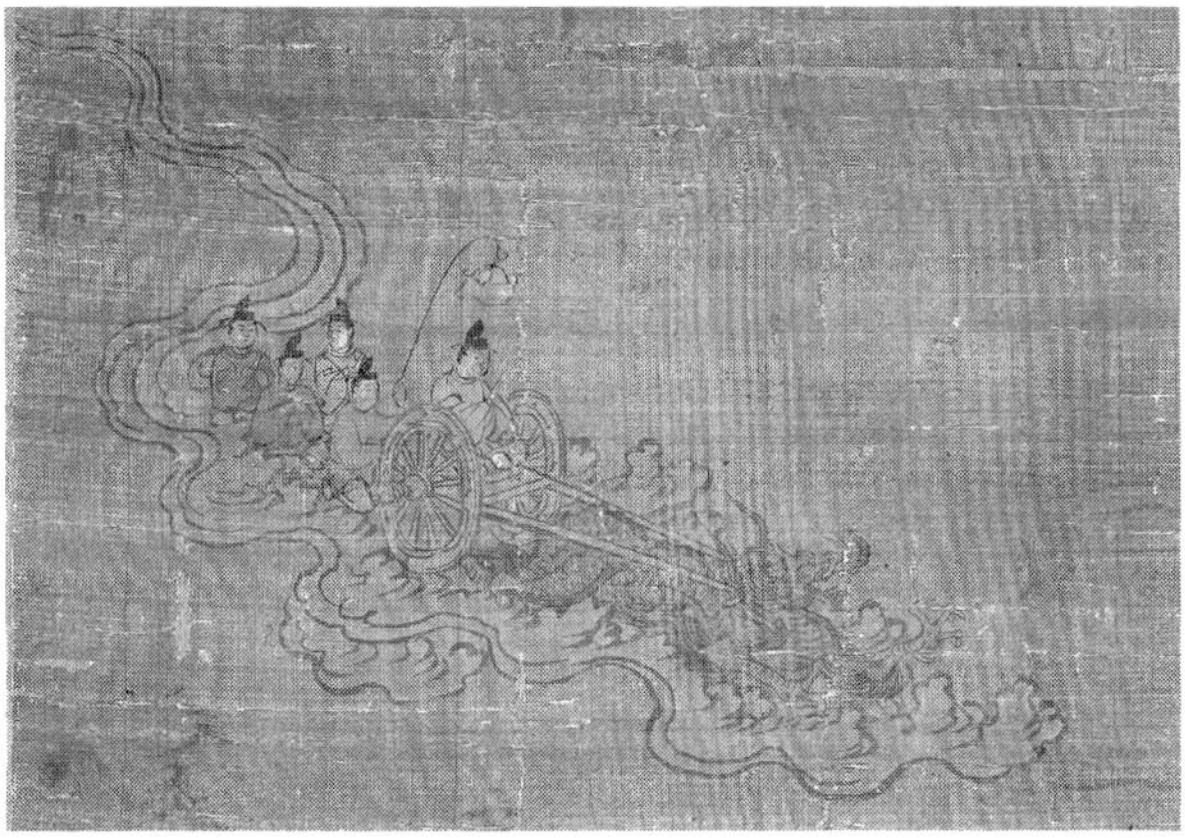

聖徳太子絵伝（第1幅）部分
太子37歳「青龍車に乗って衡山に行く」

華七巻一部を取り、一部一巻を小書と成し、沈香函《じんこうばこ》に経を盛る。すなわち疏四巻を作りて経を釈す」とあります。太子は、使者を中国の南岳衡山に送り、太子前身の南岳大師慧思が所持していた七巻の法華経を一部一巻の小書として沈香箱に収めた。太子はこの法華経をもとに、かの『法華経義疏』を著したというのです。

この説話は『上宮《かみつみや》厩戸《うまやと》豊聡耳《のとよとみみ》皇太子伝』（八〜九世紀）においてより具体化します。太子の命により使者として衡山に派遣された小野妹子は、使を待っていたという衡山の老僧より経を託されます。妹子が将来したその法華経の巻末には「長寿三年六月一日雍州長安県人李元恵於楊州写了」の奥書があって、斑鳩の文殿（斑鳩宮）に安置されたといいます。

同書では遣わされた使者が小野妹子であり、妹子将来の法華経が、法隆寺に伝存する「長寿三年」奥書をもつ経巻であることが示されました。これを機に、実在の作品である法隆寺伝来本が伝承の中に「太子先身御持経」として規定され、広く知られる存在となっていきます。実際には、すでに存在していた作品を、伝承の中に位置づけたというべきでしょうか。

そして本説話はさらに展開し、『聖徳太子伝暦』においてひとつの完成を迎えます。妹子が衡山より持ち帰った経を見た太子は、一人読み終わると、涙を流して、その経を火に投じてしまいます。侍従は驚きあやしみますが、その訳を知るすべはありませんでした。翌年九月、太子は斑鳩宮の夢殿にて七日七夜の三昧定に入ります。八日目の朝、玉机の上に一巻の書が置かれていました。太子は、「これは私が前世で衡山に修行していた時に所持していた経である。去年、妹子が持ち帰ったものは、弟子の経である。老僧が間違えて他の経を妹子に持たせてしまったので、私が魂を派遣して取ってきたものである。」と恵慈（高句麗から来た太子の師僧）に告げます。そして慧思御持経の証として、妹子将来経では落字している箇所を恵慈に指し示したのでした。

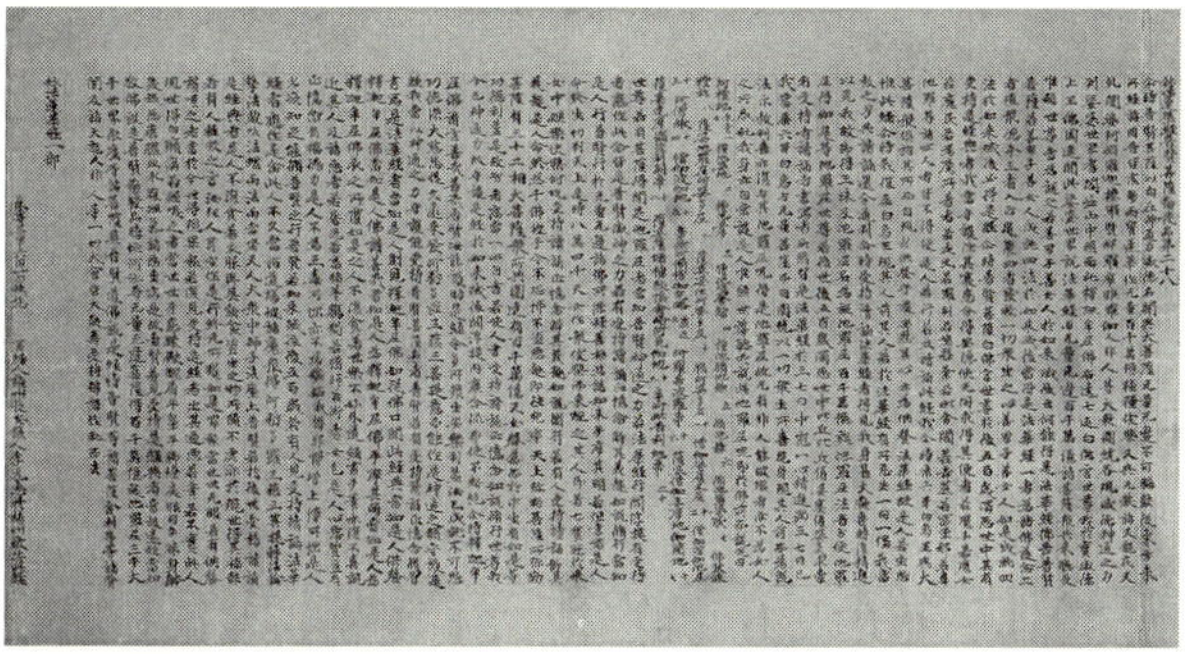
細字法華経（法隆寺伝来本　国宝　東京国立博物館蔵）
画像出典：ColBase（https：//colbase.nich.go.jp/）

　これにより、法隆寺伝来本は、妹子が誤って持ち帰った「弟子の経」だとして「先身御持経」であることが否定され、太子が三昧定によって魂を派遣して取り寄せた経こそが、真経であると宣言されたのです。さらに『伝暦』はこの経を「夢来之経」と呼び、その八つの具体的な特徴を記して、「今院にあるは妹子が将来せし経なり」と、法隆寺伝来本が別本であることを明確にしています。

しかしこの逸話には後日譚があります。「太子薨去後、山背大兄王が六時礼拝していたところ、丁亥年（六二七）十月二十三日の夜半、この経が突如として姿を消し、その後行方が分からなくなってしまった」というのです。説話の中に真経を登場させたものの、それを証する実作品自体は提示することができなかったということでしょう。

『伝暦』は、その成立に四天王寺の関与が指摘されています。この太子伝の変容は、法隆寺伝来本を「太子先身御持経」として位置づける法隆寺系の立場と、それを否定して、別本の「夢来経」こそ真経とする四天王寺系の立場がみられ、太子伝の相伝において、主体となる語り手の違いを浮き彫りにしています。

「夢来経」の発見

時は下って、建保二年（一二一四）、失われたはずの「夢来経」たる「太子先身御持経」が、突如四天王寺宝蔵より発見されました。この「御持経」の発見という重大な事件は、直ちに時の天皇に報告されます。四天王寺に伝来する『四天王寺所司等謹言上』は、建保二年の「太子先身御持経」の出現を報告する上奏状で、末尾には、この一件を記した朝廷の『禁裏御記』を、正平二十年（一三六五）に四天王寺検校忠雲があらためて見出したことを追記します。また『伝暦』の注釈書である『聖誉鈔《しょうよしょう》』には、「御持経」発見の経緯が詳し

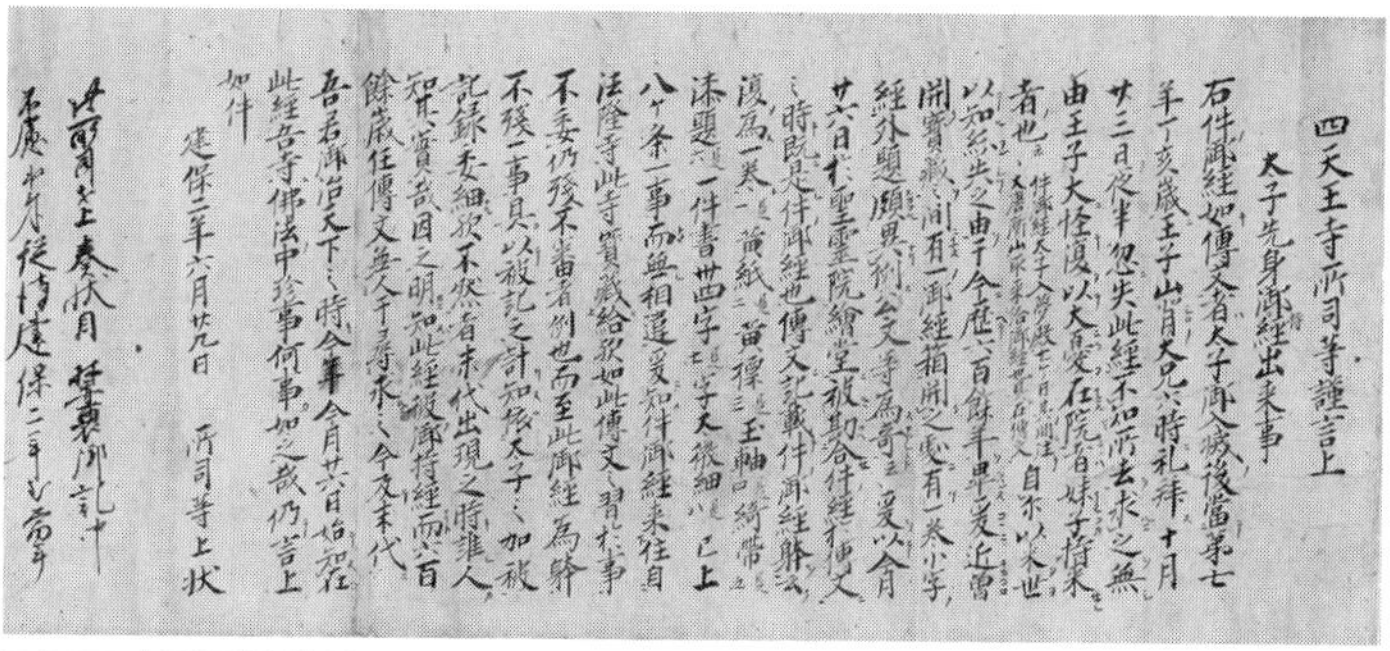

四天王寺所司等謹言上

く記述され、この両史料により発見時の様子が明らかとなります。以下にその概要を示してみましょう。

　順徳天皇の御代の建保二年六月、四天王寺別当（慈円）に命じて、同寺の宝蔵を開け勘校（宝物の点検）したところ、かつて山背大兄王子が斑鳩宮にて失った太子の御持経が、この宝蔵にて初めて出現しました。宝蔵の日記（宝物の記録簿）を確認しても記載はなく、また以前の宝物勘校の際にもその存在は確認されていません。同月二十六日に、聖霊院絵堂において、『伝暦』と照らし合わせたところ、太子が所持していた真経の八つの特徴とすべて合致し、本物とみて差し支えがないと判断されました。二十九日にこの出現を天皇に報告し、天皇が日記（『禁裏御記』）に書き留められ、宝蔵にて勅符を付して安置されました。

　かくして年久しく過ぎて忘れ去られていたところ、正平二十年に再度宝物の勘校があった時に、当寺検校・天台座主の忠雲が、かつての『禁裏御記』の記事を見出したので、南朝の天皇（後村上天皇）に奏聞して、「御持経」を金堂に納めました。

こうして、斑鳩宮で失われた「夢来経」は、五百八十余年を経て四天王寺に出現したのです。当時四天王寺は、天台宗に属しており、中国天台宗第二祖である慧思御持の法華経の発見は、当時別当であった慈円や忠雲にとっても衝撃的な出来事であったに違いありません。以後、四天王寺本は「夢来経」の伝承によって聖徳太子所縁という聖性をまとい、「太子伝来七種の宝物」のひとつとして四天王寺什物の中でも別格の扱いを受けてきました。

ただし、四天王寺本はその書風などから、現在では十一世紀に書写されたものであることがわかっています。『伝暦』に則り「夢来経」として偽作されたとの指摘もありますが、書写された当初から「夢来経」に仕立て上げようと意図していたかどうかは疑わしいところです。初期の太子伝やその注釈書に四天王寺蔵本として登場しないこと、太子真蹟と伝える『四天王寺縁起』のように、信仰流布の具として宣揚された形跡が確認できないことからも、同本に「夢来経」の伝承が付されたのは、やはり建保二年の発見時とみるべきでしょう。

太子ゆかりの品への敬愛

大永四年（一五二四）四月、四天王寺を参詣した公卿三条西実隆は、同寺金堂にて『四天王寺縁起』や細字法華経を拝見した際のことを次のようにつづっています。

御舎利を頂戴し、おなじく日本にはじめてわたりし大般若経一巻、夢殿より持来の法華経など拝し奉る。縁起住僧よみ申す。しづかに聴聞して、随喜の涙をさえがたし。

法華経をおがみて、心の中におもひつゞけ侍りし。

むは玉の夢殿よりやみぬ世をもこゝにつたへし法の言葉

（『高野参詣日記』）

太子信仰者であった実隆は、『四天王寺縁起』を読み上げる寺僧の声に太子の肉声を重ね、「夢来経」を拝して心に太子を念じ、その想いを一首の歌に込めました。四天王寺の什物を通して、太子の面影に触れたことへの深い感動がうかがえます。太子への純真な信仰のもと、伝承をまとったゆかりの品に、人々は太子その人を投影してきたのです。

5 四天王寺伝来の仏像

四天王寺にはたくさんの仏像が伝わっており、国指定品だけでも重要文化財八軀《く》、重要美術品一軀を数えます。しかし一言に「四天王寺の仏像」と言っても、実はその性格によって二種類に分類されます。それは、古い時代からずっと四天王寺に伝わってきた仏様と、近代以降に他所からお寺に納められた仏様（客仏）です。いずれであっても文化財としての価値は全く変わりませんが、宝物遺品を通して、四天王寺の歴史を探っていく際には、この区別を明確にしておく必要があります。

これまで、四天王寺に現存する主要な仏像を包括的に紹介する記事は、古くは毛利久氏の論考（「四天王寺彫刻の鑑賞」）の他、四天王寺を冠した美術全集・展覧会図録など数多く知られています。ここではこれらを参考にしつつ、少し見方を変えて、四天王寺の宝物目録に記載されるものや、史料などにより境内のお堂に安置されていたことがわかっている仏像を取り上げ、少なくとも江戸時代には四天王寺に伝わっていた仏像について眺めていきたいと思います。

「宝物目録」記載の仏像

寺院には、各々が所蔵する宝物の一覧を記した「資材帳」というものが存在します。この資材帳を読み解いていくことで、お寺の歴史や信仰の特色がうかがえるため、それぞれの寺史を考える上で重要な史料となるものです。四天王寺における最古の資財帳としては、延暦二十二年（八〇三）に撰述された『大同縁起』の逸文が知られます。これに次ぐのが、『四天王寺縁起』で、いずれも金堂や五重塔など主要な堂宇にどのような仏像が安置されていたかを記しています。しかしこれらの史料に記載される仏像は、長い歴史の中で全て失われてしまい、残念ながら現存しているものはありません。これ以降、中世の資材帳は残っていませんが、近世に入ると多数の資財帳や宝物の目録が確認できます。

近世における宝物目録で、管見の限り最も古いものは、貞享二年（一六八五）刊行の『四天王寺年中法事記』第七の宝蔵条に記載される次の「宝物ノ目録」です。

宝物ノ目録

本願ノ縁起　太子御自筆御手ノ形廿五処アリ、故ニ御手印記トモ云

同御写　御醍醐天皇御宸筆、同玉手ノ跡廿五所アリ
扇地紙法華経　太子御自画御自筆
小字法華経　一部一巻
楊枝御影《ヤウジノミエイ》　太子御自筆　御守《マモリ》七
緋御衣《ヒノギヨイ》一衣　達磨大師ノ袈裟一衣
鏑矢《カブラヤ》一筋　丙毛槐林御劔《ヒヤウモウクワリンギヨケン》一振
七星御剱《シチシヤウノ》一振　京不見笛《キヤウミスノフエ》二管
閻浮檀金ノ弥陀一体二菩薩ハ木像　函《ハコ》千手一軀弘法大師御作
千本琴《チモトノ》一張楠正成献上

已上

ここには、現在国宝に指定されている本願縁起（『四天王寺縁起』根本本）、同じく『四天王寺縁起』の後醍醐天皇宸翰《しんかん》本、扇面法華経冊子、懸守、丙子椒林剣《へいししょうりんけん》、七星剣の他、重要文化財の小字法華経（細字法華経）、緋御衣《ひのみころも》、鏑矢《かぶらや》など、四天王寺において最も重要な宝物が列記されています。これらは、以後の宝物の目録でも必ず記載されているもので、四天王寺宝物の核となる品々です。

そしてこの中に、「閻浮檀金《えんぶだごん》ノ弥陀」と「函千手《はこせんじゅ》」という二種の仏像が記載されています。

これらの仏像は、『四天王寺縁起』などと並ぶ四天王寺で最も重要な仏像と言えるでしょう。

阿弥陀三尊像（中尊真鍮仏、脇侍木造）

阿弥陀三尊像（閻浮檀金弥陀）

まず「閻浮檀金ノ弥陀」に当たる仏像は、真鍮製の阿弥陀如来立像と木造の観音・勢至菩薩立像からなる阿弥陀三尊で、現在宝物館に収蔵されています。『天王寺誌』第三巻宝物記条には、「宝蔵入櫃之分」として同像を記載し、続けて「此ノ像ハ太子之守本尊也」とあり、聖徳太子ゆかりの仏像として大切に守られてきたことがわかります。実はこの閻浮檀金弥陀は、明治時代までの宝物に関する史料には必ず出てくるものでしたが、それ以降は突如その記載がなくなり、永らくその行方が分からなくなっていました。しかし近年の調査によって、宝物館に保管されていた仏像の中にこの閻浮檀金弥陀に該当する仏像が確認されました。

中尊の阿弥陀立像は、頭体幹部を一鋳で造り、別鋳した両体側部を矧《は》ぎ付けたもので、頭部には群青の彩色を施し、像高は十四センチメートルを測ります。ゆったりとした立ち姿ながら、衣文線にはやや硬さがみられることから、その制作は十五世紀頃とみられます。一方、木造の両脇侍は、頭体幹部を一材で彫り出し、別材の両肩先を矧ぎつけた、像高一〇センチメートルほどの小さいお像です。細部を詳しく観察してみると、その宝冠にきわめて精緻な透かし彫りが施され、一ミリメートルに満たない小さな目に玉眼を嵌入《かんにゅう》しているなど驚くべき精巧さに気づかされます。顔立ちも端正で、小像であることを感じさせない整った造形は鎌倉時代彫刻の特徴であり、十三世紀末頃の制作と推定されます。

ところで、四天王寺には「太子御持仏の光背」と伝わる銀鍍金光背が現存しており、鎌倉時代工芸品の優品として重要文化財に指定されています。近代以降は光背単独で伝わってきましたが、閻浮檀金弥陀とその大きさが一致することから、本来はこの阿弥陀の光背であったと考えられます。特に、脇侍像の宝冠と光背を比較すると、菊座の表現、Y字形の唐草の半花文飾りの組み合わせ、蕨手状の唐草を連続させる構成など、その意匠表現が酷似していることに気づきます。伝承とあわせて考慮しても、脇侍像と光背は元来一具と

光背（重文）と阿弥陀立像

考えてよいでしょう。おそらく、もとは木造の阿弥陀如来立像が存在していましたが、いつしかそれが失われ、光背の大きさに合わせて金属製の阿弥陀が造立されたものと推測されます。いずれにしても、太子御持仏として「太子伝来七種の宝物」に準じる扱いを受けてきた本像は、四天王寺の仏像の中でも最も重要な尊像に位置付けられるでしょう。

千手観音及び二天箱仏

「函千手」は、すでによく知られている千手観音及び二天箱仏像で、重要文化財に指定されています。この像は、白檀の一材から、箱形や光背・台座の下半分を彫り出し、別の一

千手観音及び二天箱仏像（重文）

材から彫り出した千手観音を矧ぎつけたもので、二天像を浮き彫りした扉を蝶番《ちょうつがい》で取り付けています。千手観音は、蓮華座・頭上面・脇手・胸や脚部の宝飾までも一つの材から細やかに彫り出されており、その精緻な彫技に感嘆させられます。

千手観音の蓮華座は、仰蓮《ぎょうれん》・上返花《かみかえりばな》・華脚《けそく》のみの非常に簡素な構成が特徴です。このような形式の台座は同時代作品には見られない珍しい形ですが、中国の敦煌絵画にその図像的な源流を見出すことができます。本像は、平安時代後期のいわゆる和様檀像に位置づけられるものですが、こういった大陸の古い図像を参考にしていることがうかがえることは大変興味深い点です。

制作時期や作者については明確なことはわかりませんが、当代一流の円派仏師により十二世紀後半に制作されたと推定されます。脇手の多くが欠け、後補のものに変わっているのが惜しまれますが、その他は状態も良く、四天王寺に伝わる仏像の中でも、随一の優品と言えます。

境内諸堂に伝来した仏像

次に、四天王寺のお堂に安置されてきた古仏を探ってみたいと思います。

阿弥陀三尊像

現在宝物館に収蔵され、重要文化財に指定されている阿弥陀三尊像は、平安時代初期の作風を顕著にあらわした一木造の阿弥陀如来（三一頁参照）と、片足を上げた独特の姿の観音・勢至菩薩（三三頁参照）の三尊で構成される、四天王寺宝物の中でも最もよく知られている仏像です。

本像は昭和九年（一九三四）に当時の文部省国宝監査官であった丸尾彰三郎氏の調査により、かつて西門と鳥居の間にあった引聲堂内の厨子の中から発見されました。大阪の四天王寺で九世紀に遡る古像が発見されたというニュースは大きく報道され、平安時代初期彫刻の優品として広く知られるようになりました。

中尊の阿弥陀如来は、両手先が後補のため本来の印相は不明ですが、もともと薬師如来ではないかとの意見が出されています。弘仁七年（八一六）に最澄が四天王寺北の椎寺境内に薬師院を建立したとの記録があり、あるいはこの薬師院の本尊として造立された可能性も考えられます。また近年では、承和六年（八三九）開眼の東寺講堂諸尊像や奈良国立博物館の薬師如来坐像などとの共通点から、東寺周辺の官営工房において制作された像であることが指摘されています。

片足を上げる珍しい脇侍も、両像とも肩から先の腕は後補のものに変わっており、本来観音・勢至として造られたものかどうかはわかりません。片足を上げて舞うような姿は、京都・平等院鳳凰堂の雲中供養菩薩像にみられ、元来は浄土図などに登場する供養菩薩や舞菩薩に類する像として造立されたことが推測されます。承和三年（八三六）に落雷によって倒壊した後の再建五重塔には、その塔心柱四面仏の中に、「舞兒」を伴った阿弥陀三尊が安置されていたことが知られており、これと本脇侍との関係を示唆する意見が出されています。

ところで、文政二年（一八一九）、聖徳太子千二百回御忌に合わせて行われた御開帳の霊宝目録には、本三尊が「踊躍観音三尊」という名称で記載されています。「踊躍《ゆやく》」とは、仏教の「踊躍歓喜」という言葉に由来して、踊り上がることを意味しており、本両脇侍の姿が踊躍しているように見えることから、このように呼称されていたとみられます。

『摂津名所図会大成』四天王寺の引聲堂・短聲堂条によると、引聲・短聲の両堂は声明勤行の道場であり、毎年春秋の彼岸には、大念仏寺の僧侶により、踊躍念仏（おどり念仏）の法要が行われていたことが記されています。この法要と両脇侍像との直接的な関わりを示す史料は見出せませんが、このようなお堂に「踊躍観音」と呼ばれるお像が安置されていたことは偶然とは思えず、近世における本像への信仰をうかがう上で注目されます。

厨子入弥陀地蔵尊像

四天王寺の本坊位牌堂には、もと四天王寺芹田坊本尊として伝わった仏像が安置されています（六一頁参照）。厨子の中に阿弥陀如来と地蔵菩薩が並んで納められていることから、「弥陀地蔵尊」と呼ばれています。芹田坊の実態については、詳細は明らかではありませんが、地蔵と阿弥陀を本尊とすることから、「地弥院」とも呼ばれていました。江戸時代にはすでに廃されていたようですが、坊がなくなった後も、毎年二月四日には、一舎利・二舎利に続く三﨟職にあたる僧侶の自坊にて「芹田坊修正会」が行われていたことが、史料により確認されます。

向かって右側の阿弥陀如来立像は、一木造で、薄い体軀や浅く形式的な衣文線など平安時代後期の特徴を示している一方、顔立ちには鎌倉時代の気風がうかがえることから、その制作は十二世紀末まで遡るとみられます。一方、左側の地蔵菩薩立像は一木造で、衣文をほとんど表さない簡略な表現が特徴です。右手を袖から彫り出す点などは近世的な感覚で、江戸時代の制作とみられます。

阿弥陀は慈覚大師（円仁）、地蔵は聖徳太子御作との伝承をそれぞれ伝えており、古くより由緒ある像として崇拝されてきたことがうかがえます。芹田坊の全貌を知ることは困難ですが、本弥陀地蔵尊はその数少ない現存資料として、また四天王寺における阿弥陀像の古作例としても大変貴重です。

如意輪観音坐像（奈良国立博物館所蔵）

奈良国立博物館に所蔵されている如意輪観音坐像は、像内納入品の『般若心経』の奥書から、建治元年（一二七五）に僧乗信が願主として造立したことが知られます。理知的な表情や波打った着衣など、中国・宋代美術の影響が顕著にみられ、どこか艶めかしささえ感じさせる美しい仏様です。本像の像底には、「天王寺蔵華蔵院」の墨書銘があり、四天王寺の蔵華蔵院なる所に安置されていたことが知られますが、この蔵華蔵院についての詳しいことはわかっていません。ところで、「文保本聖徳太子伝」と総称される、太子絵伝の絵解き台本である輪王寺本巻七には、応永十二年（一四〇五）に四天王寺蓮華蔵院内の護摩堂に

如意輪観音坐像（奈良国立博物館蔵）
画像出典：ColBase（https：//colbase.nich.go.jp/）

て書写した旨を記す奥書があり、中世に蓮華蔵院という坊が四天王寺に存在していたことが知られています。確証はありませんがおそらくは、この蓮華蔵院が蔵華蔵院に該当するものではないかと考えられます。しかしながら、この蓮華蔵院についても詳細は不明です。本像は、いつの頃か四天王寺を離れ、今は奈良国立博物館の所蔵となっていますが、中世四天王寺での伝来が確実な仏様として大変重要です。

金銅菩薩半跏像

重要美術品に指定されている菩薩半跏像は、表面が火に晒されて溶けてしまっており痛々しいお姿です。幸い上半身はよく残っており、その優しい表情をうかがうことができます。宝冠の形式などは、「丙寅年」（六六六）銘の大阪・野中寺弥勒菩薩半跏像によく似ており、七世紀後半の制作であると推定されます。もとは、弁護士であった田万清臣・明子夫妻の

菩薩半跏像

コレクションとして愛蔵されてきたもので、本像が江戸時代に四天王寺境内より出土したと伝えることから、夫妻より四天王寺に寄贈されました。表面が焼けただれ、台座の後ろ側が上から押しつぶされたようになっていることから、安置されていたお堂が火災に逢い、炎で熱せられた上、倒れてきた建物の下敷きになってしまったものと思われます。伝承通り四天王寺にあったものであれば、このお像は四天王寺の罹災の歴史を直に伝える仏様と言えるでしょう。

以上、四天王寺に伝来してきた仏像をみてきましたが、これらを眺めてみると、小さな仏像ばかりであることに気づかされます。四天王寺は、何度も罹災する中で、お堂に収められていた大きな仏像のほとんどは焼けてしまいました。一方、小さな仏像は、当時の人々の並々ならぬ努力により、幾度となく助け出されてきたわけです。また長い年月を経て今日に至るまでには、そういった人的なことに加え、様々な偶然が重なってきたことも見逃せません。

例えば引聲堂に安置されていた阿弥陀三尊像は、戦前に発見され、すぐに本坊内仏へ移座されたわけですが、引聲堂は昭和二十年（一九四五）の大空襲で焼失しているので、もしあの時発見されていなければ、さらに本坊に移されていなければ、このお像はその存在を知られることもなくお堂とともに失われていました。これらの仏像は、こういった奇跡的な偶然の積み重ねがあって今私たちの目の前におられるわけです。

これから仏像など古美術を鑑賞する機会がありましたら、その造形的な美しさはもちろんですが、それらを必死の想いで護ってこられた先人の努力や想いとともに「今これがここにある奇跡」を感じていただけると幸いです。また違った仏様の表情が見えてくるかもしれません。

6 四天王寺の舞楽面・行道面

四天王寺の舞楽は、聖徳太子が伝えた伎楽《ぎがく》に起源をもち、以来一四〇〇年の長きにわたり、その伝統を継承してきました。法隆寺や東大寺と同じく、長い歴史の中で創建以来各時代の伎楽面や舞楽装束類が多数伝来していたとみられますが、残念ながら天正四年（一五七六）、織田信長による本願寺攻めの兵火により、その全てを焼失しています。

今日四天王寺に伝わる舞楽装束は、豊臣秀頼より寄進を受けた所用具をもとにして、修理・新調を重ねて脈々と伝えられてきたものです。これらの品々は、近世初期に遡る大揃えの舞楽装束として知られ、豊臣秀頼寄進の慶長四年（一五九九）銘金銅行事鉦《ぎょうじしょう》や鼉太鼓《だだいこ》とともに、「四天王寺舞楽所用具」として一括して重要文化財に指定されています。一方で、当寺に伝来する六十三面の舞楽面・行道面は、この一括指定には含まれていません。その多くが江戸時代に遡るもので、今もなお舞楽法要において実際に使用されています。

四天王寺伝来の舞楽面・行道面

鎌倉時代

四天王寺舞楽面のうち特に知られるものは、天王寺楽所楽家の東儀《とうぎ》家より寄進された陵《りょう》王《おう》と納蘇利《なそり》（※）の古面で、その制作は鎌倉時代に遡ります。陵王は、厳島神社面などに比べると豪快さに欠けるものの、技巧的に繊細な作風が顕著で、立体的な雲や細やかな毛筋

※舞楽「納蘇利」は一般に「納曽利」と表記しますが、四天王寺では「蘇」とするのが慣例となっています。

舞楽面　陵王（重文）

舞楽面　納蘇利（重文）

舞楽面　胡徳楽 瓶子取

の堅実な彫刻が特徴です。雲形などには彩色の跡が残り、往時の華やかさをしのばせます。納蘇利面も陵王面と同時期のもので、恐ろしい形相ながらどこか気品を感じさせる作風により、陵王と並んで四天王寺を代表する古面として知られています。

また同じく中世に遡るものとして、胡徳楽瓶《ことくらくへい》子取《しとり》面が伝わっています。口をへの字に曲げて乱杭歯《らんぐいば》をのぞかせた表情や、皺《しわ》の表現は写実的で、奇怪な面相でありながらも鎌倉時代の作風が顕著にあらわれた迫力あるお面です。

桃山時代　慶長再建期の舞楽面

これら鎌倉時代のものに続く古面として、桃山時代の陵王面が伝わっています。本面にみる金地に緑青で大胆な模様を描く点や龍の造形は、四天王寺舞楽装束の太平楽と共通するもので、造形的にも非常に近い感覚をみてとることができ、同じ制作環境であることがうかがえます。これら太平楽所用具や本陵王面の箱には「慶長拾七年／四天王寺／九月廿二日」との墨書があり、この慶長十七年（一六一二）にともに当寺に寄進されたものと考えられます。前述の通り、四天王寺は天正四年の兵火によって舞楽装束類をすべて焼失しましたが、その豊臣秀吉の遺志を引き継いだ秀頼が、伽藍の復興とともに、石舞台や舞楽所用具の復興に着手しています。

伽藍の落慶供養は慶長五年（一六〇〇）に行われていますが、行事鉦には慶長四年の秀頼の寄進銘があることから、伽藍落慶に先んじて行事鉦・鼉太鼓などの楽器類の制作が始まり、次に装束類の新調、舞楽面や太平楽皆具などの工芸品類の新調と、段階を経て復興事業が行われていったことが推測されます。

現在まで受け継がれてきた四天王寺の舞楽装束は、この秀頼によって寄進されたものを規範として修理・新調を重ね脈々と受け継いできたものですが、実用の染織品ということもあり、残念ながら現存の舞楽装束の中で確実に慶長期のものと断定できるものはほとんど見出せません。その中で太平楽皆具は豊臣家寄進装束とみられるものとして注目されていますが、本面もまた、太平楽とともに陵王装束として、この時期に施入されたものとしてみてよいものです。

舞楽面　陵王

ところで、本面は、平成十七年（二〇〇五）に新調されるまで、現役の面として永らく実際の舞楽に使用されてきました。前述の鎌倉時代の陵王面は、宝物として蔵に大切に保管されてきたものとみられますので、実際の舞楽ではこの桃山の陵王面を着けた舞人の姿が親しまれてきたわけです。まさに本面こそが「天王寺舞楽の陵王」の姿と言えるでしょう。

江戸時代の行道面

現在四天王寺で使われている舞楽面のほとんどは、江戸時代の制作になるものです。これらは、断続的に作られたものではなく、ある特定の時期にまとまった数の舞楽面を新調していることがわかります。その中でも最も初期のものになるのが、行道面と呼ぶべき一群の仮面です。

豊臣秀頼によって復興をみた四天王寺ですが、その後慶長十九年（一六一四）の大坂の陣によって、またしても伽藍を焼失します。これを再興したのが徳川家であり、元和九年（一六二三）に伽藍が再建されました。この元和再興期のものとみられるのが、主に聖霊会の道行（行道）にて重要な役割を果たす、獅子頭や八部衆の面です。これらは、行道に用いられるため、一般に「行道面」に分類されます。四天王寺には行道面として、獅子頭二頭・菩薩面二種四面・八部衆八面の計十四面が伝来しています。

獅子頭は、元和九年の『天王寺御建立太子堂組堂宮諸道具改渡帳』石舞台条にある「一獅子頭弐つ　長弐尺は〻壱尺五寸　漆塗厳金物彩色在」に該当するとみられ、この時に新調されたものと考えられます。耳を横に大きく広げる点や、それまでの獅子頭が太い眉を表すのに対して、眉を巻毛の前髪で覆う造形は、獅子舞の獅子頭に通じるものであり、獅子舞の祖型として捉えることもできるでしょう。さらに巻毛部分をよく観察すると、それぞれ朱と緑青、群青と緑青を重ねて彩色し、その上に截《きり》金《かね》で毛筋を表しており、大変豪華な獅子頭であったことがうかがえます。

獅子頭

同じく行道にて用いられる面に、八部衆と呼ばれる八種の面が伝わります。これらについては、『摂津名所図会』四天王寺の宝蔵条に「天竜八部面八員、源頼朝公寄附」と記載があるものですが、様式から判断して鎌倉時代に遡るものではなく、獅子頭と近い作風から、獅子と同じ元和再興期にともに制作されたものとみられます。

八部衆面の現存作例としては法隆寺伝来面（平安時代）や東寺伝来面（鎌倉時代）、高野山の天野社伝来面（現東京国立博物館蔵、鎌倉時代）が著名ですが、これらは同時期の仏像彫刻にみられる表現をそのまま仮面に活かしたもので、その作者としては仏像を造る仏師が想定されています。一方、四天王寺の八部衆は、時代が降るということもありますが、抑揚を抑えたその造形は、仏像彫刻や先の八部衆面とは趣を異にしています。中でも能面に特有の表現が、この八部衆面にみられることは大きな特徴として挙げられます。

例えば、夜叉面にみられる、口を強く真一文字に結ぶことで、口が横に広がり口角部に大きな皿状のくぼみができる点や、両眉頭の三日月状のくぼみの間にY字の皺を造る点などは、能面の大【おおべしみ】見面と共通した表現です。また摩睺羅伽《まごらか》面の口角を高く上げ、口を大きく開いて牙を露わにする表現や、眉間のV字の皺などは、「石橋《しゃっきょう》」に用いられる獅子口面

行道面　夜叉（八部衆のうち）

行道面　摩睺羅伽（八部衆のうち）

の表現であるなど、それぞれの面で、仏像では見ることができない能面的な表現を確認することができます。

この事から八部衆面は、能面打師が、能面の技法や表現を活かして制作したものであることが指摘できるのです。具体的な作者は今のところ特定できませんが、これらの面は伝統的な古面を写したものではなく、能面打師が自身の技術に即して自由に創作した、大変珍しい一群と言えます。

江戸時代の舞楽面

舞楽面　胡徳楽

元和期の行道面に続いて、時代を遡るものとして、胡徳楽面が挙げられます。この胡徳楽には、四天王寺伝来面中で唯一面裏に年号を記す銘文が書かれています。五面中、後補の一面を除く四面の面裏に「寛永拾四𠦄九月日」の銘があり、寛永十四年（一六三七）の作であることがわかります。「寛永十四年御條制写掟」（四天王寺所蔵文書）には、徳川家康の法事法楽をこの年

舞楽面　採桑老

以来例年行う掟を定めており、この際に舞楽面や装束類が整えられたのではないかとの説が出されています。

舞楽「採桑老《さいそうろう》」で用いられる面も十七世紀の後半に遡るものです。この舞は、白装束の老人が不老長寿の妙薬である桑葉を求めてさまよう様をあらわした舞で、深い皺の入った老人の面を着けることが特徴です。面自体には銘文や箱書等は見られませんが、一見して春日大社所蔵「天下一越前」銘のある採桑老面（重文）と、構造や細部の表現に至るまで酷似しており、さらに細かい法量までも一致することが注目されます。春日大社採桑老面の面裏には、「天下一越前」の烙印が捺される他、箱蓋裏には「寛文九年己酉十月九日／従法皇御所御寄進」の墨書があり、寛文九年（一六六九）に後水尾《ごみずのお》法皇による寄進とわかっています。天下一越前は、採桑老の他にも陵王や還城楽《げんじょうらく》など、春日大社伝来舞楽面中に確認されている名前です。この天下一越前については、府中藩御抱えの細工人であった波多野重右衛門なる人物であることが、近年の研究によって明らかにされています。四天王寺採桑老面も、天下一越前の作と考えてよく、制作時期も寛文九年に遠くない時期と考えられます。

さて、これまで慶長再建や元和再建時に、大規模に装束類が制作されてきたことを見てきましたが、元禄期になると再びまとまった数の所用具類が新調されていることが、面を収める箱の箱書きなどによって知られます。箱書は元禄七〜十二年（一六九四〜九九）のものが確認され、元禄七年箱書銘のある綾切《あやぎり》面や、元禄十年銘の皇仁庭《おうにんてい》面は、箱書の通りの制作年代だと思われます。さらに箱に銘記はありませんが、皇仁庭と作風が近い退宿徳《たいしょうとく》や、これら元禄銘のある箱と同時期同形式の箱に入る地久《ちきゅう》・八仙《はっせん》の各面も、作風からみてこの時期の制作と推測され、この短期間にかなり多くの舞楽面が新調されていることがわかります。

舞楽面　皇仁庭

この五年間の前後をみると、元禄二年（一六八九）二月一日から二十一日間にわたって聖徳太子一〇七〇年遠忌法要が行われていますが、その十年後の元禄十二年（一六九九）も太子一〇八〇年遠忌に当たる年です。その後は、一一〇〇年遠忌の享保四年（一七一九）に太子堂にて遠忌法事が執行されています。元禄十二年は特に盛大な遠忌法要が厳修された記録は見られませんが、おそらくは元禄二年以降、節目の遠忌に合わせて舞楽面をはじめ諸道具が新調されていったことが考えられます。

後にも述べるように、四天王寺伝来面は春日大社伝来面と共通する面の多いことが特徴ですが、その多くがこの元禄期の面に集中しているのは興味深い点です。おそらく、四天王寺には中世以前の古面が兵火で失われていたため、舞楽面新調に際し、南都楽所に伝来する由緒ある古面を写してきたということが想定できるのではないでしょうか。

四天王寺伝来面の特徴と独自性

四天王寺伝来面を眺めると、特に春日大社伝来面と共通する点が多いのが注目されます。貴徳・胡徳楽・採桑老・退宿徳・地久の面は同時代の同一作者（工房）のものとみてよいものが存在します。また納蘇利は春日大社伝来納曽利面（室町時代）と形式が近似し、八仙は嘴《くちばし》をあまり尖らせず、眉間に長円形を重ねるしわを表すいわゆる春日型と呼ばれる春日大社特有の形式を踏襲したものです。皇仁庭面も、鋭く吊り上げた目や眉の隆起など、春日大社の元暦二年（一一八五）銘のある皇仁庭面に倣ったものであり、細部の法量がほぼ一致することから、型紙を用いて春日大社面を写したものとみられます。

繰り返しになりますが、四天王寺は兵火によって創建以来の古面を失っていたため、南都あるいは宮中の伝来面を参考にせざるを得ず、共通する点が多くなっていることが考えられます。天王寺には楽所《がくそ》とよばれる演奏集団が組織されており、南都楽所、宮中の大内楽所とともに宮中での雅楽・舞楽の演奏を担っていました。こうした舞楽面の模刻の関係性をたどることで、天王寺と南都との楽所間の交流について明らかにできるのではないかと考えています。

このように南都との密接な関わりがうかがえる一方で、天王寺独自の特徴をもった作例もいくつか見ることができます。

首から下げる行道面

仮面は顔に着けるのが一般的ですが、四天王寺の八部衆の面は、顔に着けず首から下げて道行を行う点に大きな特徴があります。これらの面は顔に装着できなくはありませんが、同じく行道面のうち唯一現在は顔に装着している菩薩面を例にみると、視野が大変狭いため、一人では歩行も困難で、道行や「大輪小輪《おおわこわ》」の所作にも必ず介添人が横について舞人を補助する必要があります。このことからも、これらが当初は顔に装着することを想定せずに制作されていたことがうかがえます。

貞享二年（一六八五）開板の『四天王寺年中法事記』六時堂聖霊会条に「衆僧ハ服をさりて列をひき、児童花をかさし、伶人楽を奏し、あまたの役人供奉のよそほひをかきつくろふ、其中にさまぐの面をささけてもてるを、八部衆と名付て、天龍八部の形也」（傍線部筆者）とあり、少なくとも貞享二年の時点では顔には装着せず、首から下げ、捧げ持っていたことが知られます。このような例は他になく、仮面をわざわざ首から下げて素顔を見せて行道する点は、四天王寺特有のものと言えるでしょう。

蘇莫者の面

舞楽「蘇莫者《そまくしゃ》」は、聖徳太子が河内国にある亀瀬（大和川の浅瀬）を馬で渡りながら吹かれた洞簫《どうしょう》（中国古代の尺八）の音色に、信貴山の神が感激して猿の姿で太子の前に現れ、舞を舞ったといい、その姿を天王寺の楽人に命じて作らせた舞であるといわれています。四天王寺ではこの舞を演じる際には、「京不見御笛当役《きょうみずのおふえとうやく》」という聖徳太子の役をつとめる龍笛の楽人が舞台横に登場し、龍笛の独奏「蘇莫者序」を演奏します。この蘇莫者は、「夜多羅拍子《やたらびょうし》」というリズムを取り入れた天王寺独特の舞で、古来天王寺楽所の楽家である薗家《その》の秘舞として伝承されてきました。一時廃絶した時期もありましたが、天保元年（一八三〇）に再興され、以来明治までの聖霊会では定番の曲として必ず舞われてきた曲です。

この蘇莫者には、長い白髪に真っ黒な顔を表した独特の面が用いられます。蘇莫者面の古作は残っておらず、春日大社などに江戸時代の面が残っている程度です。四天王寺の蘇莫者面はその箱書によると、明治四十年頃をもって聖霊会があまり行われなくなり、昭和十五年（一九四〇）の五重塔落慶供養を機に聖霊会が復興されるにあたり、雅亮会同人等が蘇莫者の面・装束が失われていたことを遺憾とし、佐野安兵衛春楽が特志をもってこれを彫刻し、昭和十四年（一九三九）に五重塔再建を記念して四天王寺に奉安したことが知られます。さらにこの時に佐野安兵衛が新調した面は、薗家に伝来した古面を雅亮会《がりょうかい》設立者の小野樟蔭《しょういん》師が買い戻して雅亮会所蔵面とし、それを模作したということがわかっています。

舞楽面　蘇莫者

残念ながら薗家伝来面は戦災により焼失し現存しておらず、今となってはその古面がいつの時代のものだったのか知ることができません。ただ薗家に伝来した由緒ある面であることは確かであり、この昭和の模作面がその姿を今に伝えていることは貴重で、四天王寺舞楽面の中でも天王寺楽所特有のものとして重要なものです。

日本仮面史上での位置

これまで述べてきた通り、そのほとんどが、現役の舞楽面として、現在も舞楽法要に使用されているものですが、その多くが桃山時代〜江戸時代中期に遡るものであり、一具が完存するものばかりです。

これらは単なる所用具というだけではなく、慶長・元和・元禄期にはまとまった数で新調がなされていることから、四天王寺における寺院再興・整備の実情をうかがう資料として大変重要です。また、その多くは南都楽所伝来面を写したとみられるものであり、往時の都における舞楽面の姿をうかがい知ることができる遺品としても注目されます。四天王寺伝来面は、仮面史上において、近世における宮中など正統の舞楽に用いられてきた舞楽面の様相を今に伝える、大揃えの作品群として評価できるでしょう。

日本の舞楽面は、これまで主に仏像の研究者が中心となって、古代から鎌倉時代までの古面について、多くの研究が蓄積されてきました。その一方で、近世以降の舞楽面については、実はほとんど未着手といってもよい状態です。それは仮面史研究者の不足や、近世舞楽面の作品が膨大にあることなどに起因するのですが、日本の仮面史を考える上で、近世の作品は、無視することのできない重要な分野であることは間違いありません。今後、近世舞楽面研究が進む中で、四天王寺の舞楽面は、その中核をなす作品群となっていくことでしょう。

7 四天王寺の景観と法会

景観の変遷

中心伽藍周辺

四天王寺の中心伽藍は、南大門・中門・金堂・講堂・六時堂が南北一直線に並び、中門から講堂を廻廊で囲う、いわゆる四天王寺式（一塔一金堂式）の伽藍配置です。戦後の発掘調査の成果により、創建当初は五重塔と金堂が南北に並び、掘立柱塀で区画された簡素な伽藍であったとみられること、七世紀になって中門・回廊・講堂が造営されたことが判明しています。また、塔と金堂は現在の位置から動いておらず、四天王寺式の伽藍が創建期より継承されていることがわかっています。

中世以前の伽藍がどのような建築であったかを示す史料はごく限られたものしかありません。延暦二十二年（八〇三）に撰述された四天王寺の縁起資材帳『大同縁起』の逸文《いつぶん》（『太子伝古今目録抄』抄録）には、小塔殿・上宮太子聖霊大殿・仏堂・細殿・廻廊・五重塔・二重金堂及び六時堂の記載があります。また寛弘四年（一〇〇七）頃の成立とみられる『四天王寺縁起』には、宝塔（五重塔）・金堂・講法堂・歩廊・中門・南大門・東大門・西大門・北大門・食堂僧坊二条・甲蔵、（政所町）大庁屋・小庁屋・雑蔵十六宇、（太衆町）炊屋・大屋・食備屋・蔵二宇・別所厠屋、四方垣の堂宇が記載されており、比較的詳細に四天王寺の堂塔を把握することができます。

四天王寺の伽藍を描く最古の絵画資料は、延久元年（一〇六九）に摂津国の絵師秦致貞《はたのちてい》が描いた法隆寺旧絵殿の聖徳太子絵伝（東京国立博物館所蔵）で、そこには南大門・中門・五重塔・金堂・講堂が一直線に描かれています。講堂の上部には僧坊と思われる横長の建造物が描かれ、講堂の右側には屋根の反りがわずかに見えていますが、いずれも堂名を明確にすることはできません。

天徳四年（九六〇）の四天王寺焼亡以後、康治二年（一一四三）の『台記』に藤原忠実《ただざね》が六時堂を含む諸堂を巡拝する記事まで、六時堂が記録上に出てこないことには注意が必要です。『四天王寺縁起』や法隆寺献納宝物本絵伝に記載や描写がないことを考慮すれば、天徳四年からしばらくの間、六時堂が再建されていない時期があったことも想定されます。

九条兼実《くじょうかねざね》の日記『玉葉』文治三年（一一八七）八月二十二日条には、後白河法皇が伝法《でんぽう》灌頂《かんじょう》を受けるため四天王寺を訪れた際の様子が詳述されており、そこに簡略な境内図が附されています。これをみると、塔・金堂が南北に並び、金堂の北には、回廊を隔てて現在の亀の池に該当する大寺池があり、橋が架けられていることがわかります。

聖徳太子絵伝 秦致貞筆　第9面 部分（東京国立博物館蔵）
画像出典：ColBase（https：//colbase.nich.go.jp/）

これによって大寺池は現在のような方形ではなく、石舞台も存在しないことから、当時はまだ未整備の池であったことがうかがえます。池のすぐ東には宝蔵と亀井があり、その北

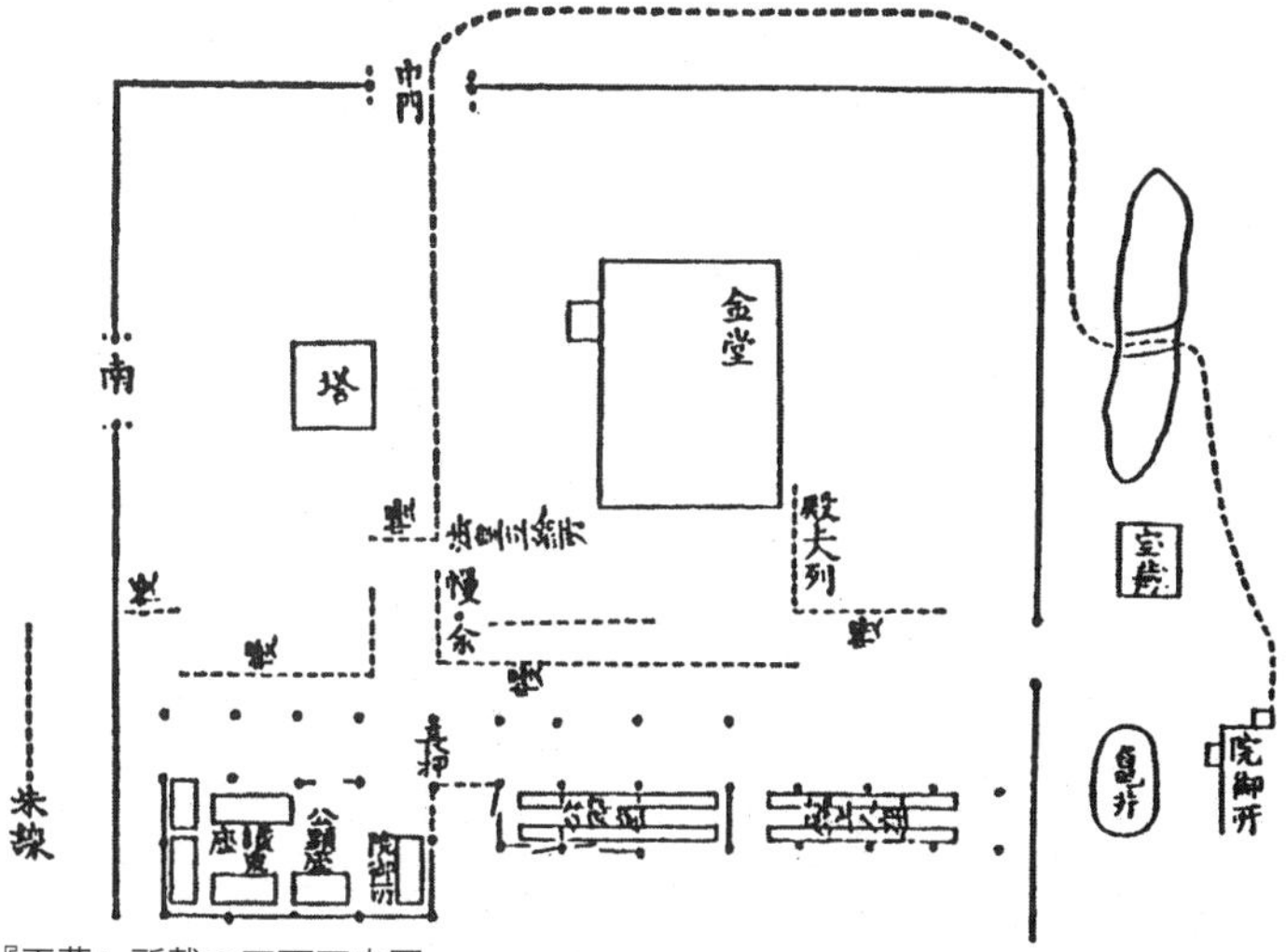

『玉葉』所載の四天王寺図

には、後白河院が滞在した院御所が記されています。

正安元年（一二九九）成立の『一遍聖絵』には、中世四天王寺の伽藍の様子が克明に描かれています。南大門・中門・五重塔・金堂・講堂・回廊及び現在の西重門、さらに講堂北には方形の蓮池である大寺池・北鐘堂・太鼓楼・六時堂とその両脇に僧坊、太鼓楼の東側には亀井堂と閼伽井《あかい》が描きこまれており、「摂津国四天王寺図」などの近世絵図に描かれる寺観が、この時点でほぼ整っていることがわかります。一方で講堂北側の楽舎がまだなく、金堂東側には、後白河院建立の灌頂堂が描かれている点が異なっています。

この後、嘉吉三年（一四四三）の火災ある

いは天正四年（一五七六）の石山合戦の兵火により、『一遍聖絵』に描かれている伽藍が焼失します。天正の兵火の後、豊臣家により四天王寺は復興されており、文禄三年（一五九四）の『四天王寺造営目録』には、金堂・講堂・太子堂・六時堂・食堂・塔（五重塔）・仁王門・南大門・万灯院・鐘楼・求聞持堂の堂宇が列記されます。ただし、慶長二年（一五九七）に、食堂跡に当麻曼荼羅を祀る曼荼羅堂が建立されたことが知られており、食堂は曼荼羅堂として再建されたようです。なお、この当麻曼荼羅は慶長十二年（一六〇七）に京都の禅林寺永観堂に移されたことが知られています。しかしながらこれらいずれの堂宇も、慶長十九年（一六一四）の大坂冬の陣の兵火で焼亡してしまいました。

　元和九年（一六二三）の徳川家による再建は、境内全域にわたる大規模なものでした。その全貌は、『天王寺《てんのうじ》堂宮《どうみや》諸道具《しょどうぐ》改《あらため》渡帳《わたしちょう》』及び橘守国《たちばなのもりくに》筆「摂津国四天王寺図」によって詳細に知ることができます。中心伽藍周辺の寺観は、金堂東側の灌頂堂が西大門南へ五智光院として移っている以外は、『一遍聖絵』の寺観と大きな変化はなく、中世来の景観が江戸時代にも継承されていることがわかります。この元和九年以降、百八十年にわたり、大きな罹災もなく平穏な時代が続くことになります。この再建時の建造物のうち、椎寺《しいでら》薬師堂（現六時堂）、椎寺四足門（現本坊西通用門）、椎寺普門院（現元三大師堂）、僧坊門（現中之門）、五智光院、湯屋方丈が現存しています。

『一遍聖絵』（模写）　巻第八　四天王寺参詣の場面（国立国会図書館蔵）

享和元年（一八〇一）、五重塔への落雷によって伽藍は炎に包まれ、境内の東半分を焼失してしまいます。この後、文化九年（一八一二）に淡路屋太郎兵衛《あわじやたろべえ》らを中心とした民衆により、四天王寺は復興を果たします。この文化再建時の伽藍を示す絵図は稀少で、文化再建の予定図とみられる「四天王寺再建絵図」や、岡田春燈斎《しゅんとうさい》による銅版画「摂州四天王寺之図」がこの時期の伽藍を描く数少ない絵図としてあげられます。

この文化再建時の五重塔と中門は、昭和九年（一九三四）の室戸台風によって倒壊し、昭和十五年（一九四〇）に再建されています。しかし、昭和二十年（一九四五）の大阪大空襲により、石舞台以南の伽藍は全て焼失してしまいました。昭和三十八年（一九六三）に実施された発掘調査をもとに、創建期と同じ規模で中心伽藍が再建され、現在に至っています。平成二十八〜三十年（二〇一六〜一八）にかけて、中心伽藍の五重塔の耐震改修工事及び美

摂津国四天王寺図　西門周辺

装工事が実施され、再建当時の鮮やかな色彩が蘇っています。

西門周辺

西門周辺は、西大門から石鳥居を結ぶ参道とその周辺の領域を指し、四天王寺の浄土信仰の霊地として、四天王寺信仰の支柱となった重要な区域です。四天王寺にいつから鳥居があったのかは明確にはわかりませんが、『四天王寺縁起』に鳥居の記述がないことから、その建立は十一世紀初頭の『縁起』出現以降と考えられます。現在の石鳥居は、もと木造であったものを永仁二年（一二九四）に忍性が石造に改めたものです。

　鳥居の成立以後の西大門と石鳥居の間の区域では、久安二年（一一四六）頃に西門外鳥居内の八幡念仏所で出雲聖人が百万遍念仏並びに迎講《むかえこう》を行ったこと、久安五年（一一四九）に鳥羽上皇が念仏三昧堂（念仏堂・西門外念仏堂）を建立したことなどが知られており、複数の念仏堂が立ち並ぶ浄土信仰・念仏修行の霊場として隆盛を極めていました。『一遍聖絵』には、西大門前にこの念仏堂とみられる三間四方の小堂宇が向かい合わせに描かれています。

この西大門から鳥居の東西軸とその両側に念仏堂を配置する景観は、念仏所が整備された十二世紀中頃に成立したものとみられ、近世にはこれらの念仏堂が引聲堂・短聲堂として整備されています。引聲堂・短聲堂はいずれも昭和二十年（一九四五）の大空襲により焼失し、いまだ再建に至っていません。引聲堂跡地には昭和二十八年（一九五三）、三重・国《く》東寺《つかじ》の観音堂を納骨堂、聖天堂を阿弥陀堂として移築し、昭和六十二年（一九八七）に再度解体して現在の境内南西部に移し、納骨堂を阿弥陀堂、阿弥陀堂を納骨堂と名称を変更して現在に至っています。西大門は同じく空襲により焼失しましたが、昭和三十七年（一九六二）に、松下幸之助氏の寄進によって再建されています。

四天王寺における鳥居は、現世と浄土とを隔てる結界とみるべきであり、西大門から鳥居を通して境外の夕陽を望むのが、この西門周辺における本来の正しい視線軸といえます。現在鳥居の外には高層の建造物が立ち並ぶものの、西大門や鳥居から落日を望む景観は現在も維持されています。春秋の彼岸中日には、西大門にて日想観も厳修されており、多くの参拝者を集めています。

ところで、四天王寺の西門周辺が浄土信仰の舞台として選ばれた背景には、上町台地の高台に位置して西門から海を望み、そこに夕陽が沈む光景を見わたすことができるという立地が大きく関係していると思われます。四天王寺は、末法到来の不安から浄土信仰が流行した平安時代後期に、『四天王寺縁起』の出現によってその宝塔（五重塔）・金堂が極楽浄土の東門であると規定され、浄土信仰の霊場として隆盛しました。十一世紀の『栄花物語』や『拾遺往生伝』などに日想観の記事が散見されるほか、中世に成立した謡曲「弱法師」の舞台ともなるなど、日没を一望する立地を活用した劇的な舞台装置としてこの領域が整備されていったことも、当地での信仰が隆盛した背景として考慮すべきでしょう。中世聖徳太子絵伝において、西門と朱の鳥居及び「浄土参り」のモチーフ（一五六頁参照）が最も基幹的な四天王寺図像とみなされ、この西門周辺の景観が四天王寺を象徴する場であったことも注目すべき点です。

聖霊院周辺

聖霊院《しょうりょういん》は境内南東隅に所在し、現在前殿・奥殿からなる聖霊院（太子殿）と経蔵・絵堂・守屋祠《もりやのほこら》から構成されます。『大同縁起』の逸文（『太子伝古今目録抄』塔四天事条）にある上宮太子聖霊大殿及び仏堂の記載が、聖霊院の前殿と奥殿であったと考えられ、聖霊院の最も古い記録となっています。

絵堂については、太子薨去後一三〇年にあたる天平勝宝四年（七五二）にその存在が確認

聖徳太子絵伝　狩野山楽筆　復元 第6面

されていますが、境内のいずれの場所にあったのかは不明です。『台記』によれば、藤原忠実が四天王寺参詣の際、西門・金堂・聖霊院・亀井の順で参拝していることから、境内を反時計まわりに回っていたとうかがえるので、この当時の聖霊院は、現在と同じ境内南東隅付近にあったと推測されます。聖霊院や絵堂は、中心伽藍同様、正平四年（一五七六）・慶長十九年（一六一

四）の兵火で焼失し、その都度再建されています。この二度の再建では、いずれも狩野山楽が絵堂の聖徳太子絵伝を描いており、元和九年（一六二三）再建時の狩野山楽本絵伝が現存しています。

元和再建時の聖霊院の様子は、「摂津国四天王寺図」等によって、前殿・作合《さくあい》・宝殿からなる権現造《ごんげんづくり》の建物であったこと、絵堂のほか、熊野三社（守屋社）・御衣間・棚所・経堂並びに唐門と四足門で構成されていることが知られています。さらにこの時には聖霊院北側に用明殿（東照宮）・三昧堂・御供所が整備されました。

享和元年（一八〇一）の雷火により聖霊院はすべて焼失し、文化十年（一八一三）に再建されています。この時絵堂は桁行七間の規模を五間に縮小し、檜皮葺《ひわだぶ》きから瓦葺きに改められ、内部には橘保春《たちばなのやすはる》による聖徳太子絵伝六面が納められました。なお、狩野山楽本以降の絵堂聖徳太子絵伝（『蔵版絵堂御画伝略解』本・橘保春本）は、四天王寺に伝来する遠江法橋本聖徳太子絵伝六幅の図様を踏襲するもので、鎌倉時代に尊智が描いた太子絵伝の復興をめざしたものと考えられます。

文久三年（一八六三）、灯明の火の不始末により、聖霊院周辺は絵堂などを含めた堂宇の全てを焼失してしまいました。この火災に伴う復興事業は八尾・清慶寺の明意《みょうい》上人の尽力により進められ、明治十二年（一八七九）に成就しますが、絵堂は再建されることなく、その跡に引導鐘堂（現南鐘堂）が建立されています。この時の聖霊院は、明治三〇年代に頌徳《しょうとく》会《かい》によって前御殿を大きくとった南北に長い堂字に改修されますが、これらも大阪大空襲で全て焼失し、昭和二十九年（一九五四）南鐘堂前殿、昭和五十四年（一九七九）に奥殿・絵堂・経堂が復興されて現在に至ります。戦後の復興では、奥殿から鳥居に至る東西軸が一直線になるように位置を設定するとともに、中心伽藍と聖霊院の間の参道を広く確保するため、聖霊院周辺を大きく北東に移動し、絵堂・経堂の位置も奥殿の北側に変更されており、旧来とは大きく景観が変わっています。

僧坊及び本坊周辺

僧坊は『大同縁起』に「僧坊二条」とあるように、十世紀には存在していたことが史料上で確認でき、『一遍聖絵』には、六時堂の両脇に東西に細長い堂宇が描かれています。「摂津国四天王寺図」など近世の絵図により、食堂の東西に所在する堂宇が僧坊であることが判明することから、『一遍聖絵』の六時堂両脇の堂宇が僧坊であるとみてよいでしょう。『大同縁起』にある「僧坊二条」についても、同様にこの配置であったと推定されます。元和再建期には、東僧坊・西僧坊として大きな区画を占めていましたが、享和元年（一八〇一）の雷火により焼失した後は、六時堂の東西及び食堂の北側に複数の単立の僧坊が建てられたことが絵図によって知られています。

本坊周辺の景観は、「摂津国四天王寺図」や『摂津名所図会』所載の「四天王寺図」などをみると、文化再建時までは宝蔵以北には何もない空き地であったようですが、聖霊院が焼失した文久三年以降の絵図になると、宝蔵の北側にも僧坊が建てられていることがわかります。明治時代には、西大門南脇にあった五智光院をはじめ唐門や僧坊の一部を移築し、数度の改修を経て現在の姿に整備されました。

宝蔵（釘無堂《くぎなしどう》）は、『四天王寺縁起』によって校倉《あぜくら》であったことが知られ、『玉葉』所載の図（二一三頁）をみると、亀井堂と大寺池（現亀の池）の間に所在していたようです。その後の宝蔵の移動の時期などは明らかではありませんが、近世の絵図には現在の場所に双甲《そうこう》倉《くら》としてあったことが知られます。宝蔵の東の間には太子の御影《みえい》が納められており、「摂津国四天王寺図」によると、縁に高欄《こうらん》が備えられ、向かいに拝殿が設けられるなど、単なる蔵としてだけではなく、聖徳太子を礼拝する礼堂としての役目も備えていることがわかります。この東の間では、毎年元旦に太子より宝物を拝領する「朝拝式」が厳修されています。元和再建後の宝蔵は、享和の火災にて焼失し、文化九年（一八一二）に三間四方の入母《いりも》屋造《やづくり》の建物として再興され、明治期に西向きに改められて現在に至っています。

聖霊会の六時堂内陣（中央：宮殿、手前：玉輿、奥：鳳輦）

法会と景観の関わり

四天王寺の法会

四天王寺では涅槃会《ねはんえ》・聖霊会《しょうりょうえ》・念仏会の三大会が毎年大規模に行われていたことが知られています。近世に作例の遺る「浪速祭礼図屏風」には、住吉大社の夏越大祓《なごしおおはらえ》と四天王寺の聖霊会が描かれ、浪速の祭礼の代表として聖霊会があったことがうかがえます。

　三大会のうち現在でも行われているのは聖霊会のみで、毎年四月二十二日に六時堂にて厳修される四天王寺で最も大規模な法会です。式場空間は、衆僧・諸役が控える六時堂内と、四箇法要《しかほうよう》及び舞楽をおこなう石舞台上の二か所に分かれます。六時堂内には、須弥壇前に聖徳太子の絵像「楊枝御影」を本尊として安置する宮殿《くうでん》が置かれ、その両脇に金堂の舎利を奉安した玉輿《ぎょくよ》と、聖霊院の聖徳太子十六歳孝養像を奉安する鳳輦《ほうれん》が安置されます。石舞台上の四隅には浄土に咲く曼殊沙華《まんじゅしゃげ》を模した大きな飾りが設置されています。かつてはこの曼珠沙華の支柱を住吉の浜でとれた貝殻を貼り付けて装飾したことから、この飾りは聖霊会の頃に吹く風を指す季語「貝寄風《かいよせかぜ》」の由来ともなっています。このほか、楽舎の前には巨大な鼉太鼓《だだいこ》二基と中央に行事鉦《ぎょうじしょう》、六時堂と舞台の間には一舎利・二舎利が登壇する高座が設けられます。

法会では、獅子・菩薩を先頭に、迦陵頻《かりょうびん》・胡蝶《こちょう》、続いて楽人装束をまとった楽人が奏楽し、その後ろに衆僧・掃部《かもん》・長者、そして舎利職が列をなして六時堂に向かって道行《みちゆき》（行道）を行います。またかつては四箇法要の途中に、楽頭を先頭に楽人・衆僧が二列をなして六時堂北側の食堂を廻る「散華大行道」が行われていました。現在食堂跡の東西にある梅の木は、「行道梅《ぎょうどううめ》」と呼ばれ、この「散華大行道」で列が折れる目印となるものです。

亀の池（大寺池）はもと蓮池であり、その池にかかる石舞台で、曼珠沙華のもと舞われる華やかな舞楽や響き渡る声明は、まさに極楽浄土を具現化するかのような荘厳な風景です。六時堂と石舞台が一体となった聖霊会の厳かな儀礼空間は、浪速の祭礼を代表する景観といえるでしょう。

この他には、『摂津名所図会』に掲載される祭礼・行事が、四天王寺の代表的な法会の風景といえます。六時堂では、聖霊会の他に毎年正月十四日の修正会《しゅしょうえ》結願法要（どやどや）が行われています。「どやどや」は、男衆が裸で押し合って競い、勝敗が決した後に六時堂の縁の天井から落とされる牛王宝印《ごおうほういん》の護符《ごふ》を群集が奪い合う奇祭です。現在は六時堂の縁に撒かれる札を、裸の男衆が奪い合う形で継承されており、四天王寺の冬の風物詩として広く親しまれています。また十月二十二日には、聖霊院奥殿前庭において経供養会《きょうくようえ》が厳修されます。奥殿前に設えられた舞台にて舞楽法要が行われることから、「椽《えん》の下の舞」とも呼ばれ、塀の外から舞の様子が見えなかったことから、隠れた場所で力を発揮する「縁の下の力持ち」の語源となったとも言われています。

経供養会

　春秋の彼岸会中日に行われる日想観も景観と関わりの深い法会でしょう。十一世紀には、長元四年（一〇三一）に上東門院《じょうとうもんいん》が天王寺参詣の折に西門にて夕陽を拝したという逸話（『栄花物語』）や、『拾遺往生伝』所収の、長暦年間（一〇三七〜三九）に四天王寺日想観を河内往生院に移した「安助聖人伝」など、西門における日想観に関する記録が散見されます。西門における日想観は、少なくとも平安時代から続く法会であることが知られており、四天王寺において最も伝統ある法会といえるでしょう。前述の通り西門周辺の歴史的景観は今日まで維持されており、西門における日想観はその歴史性とともに景観と法会が密接に結び付いた四天王寺の象徴的な法会の一つといえます。

法会における行道の動線

法会における境内の空間利用とその動線については、先述の三大会において、玉輿・鳳輦の両輦を伴った行道の様相を探ることで把握することができます。この三大会における行道の道程は、金堂安置の仏舎利と聖霊院安置の聖徳太子十六歳像を式場である六時堂へ遷座するルートであり、その動線は三大会で共通します。この動線は、『四天王寺法事記』や『四天王寺三大会手文《さんだいえてぶみ》』に詳しい記録が残っています。

法要の開始に先立ち、仏舎利を載せた玉輿は楽人の奏楽とともに金堂を出御《しゅつぎょ》すると、五重塔の東側を通り中門を出て、東回廊の外を回って鼓楼と大寺池（亀の池）の間を通って石舞台に至ります。これと並行して聖霊院では、宝殿西側に置かれた鳳輦に聖徳太子十六歳像を安置して聖霊院を出立します。十五社の前を経て西に進み、中門前で金堂から来た玉輿に道を譲って舎利へ讃礼《さんらい》した後、万灯院から西回廊の外を通って鐘楼と大寺池の間を通って舞台に至ります。舞台前にて、再び鳳輦と玉輿とが出会い、その後舞台を渡って六時堂内に入ります。

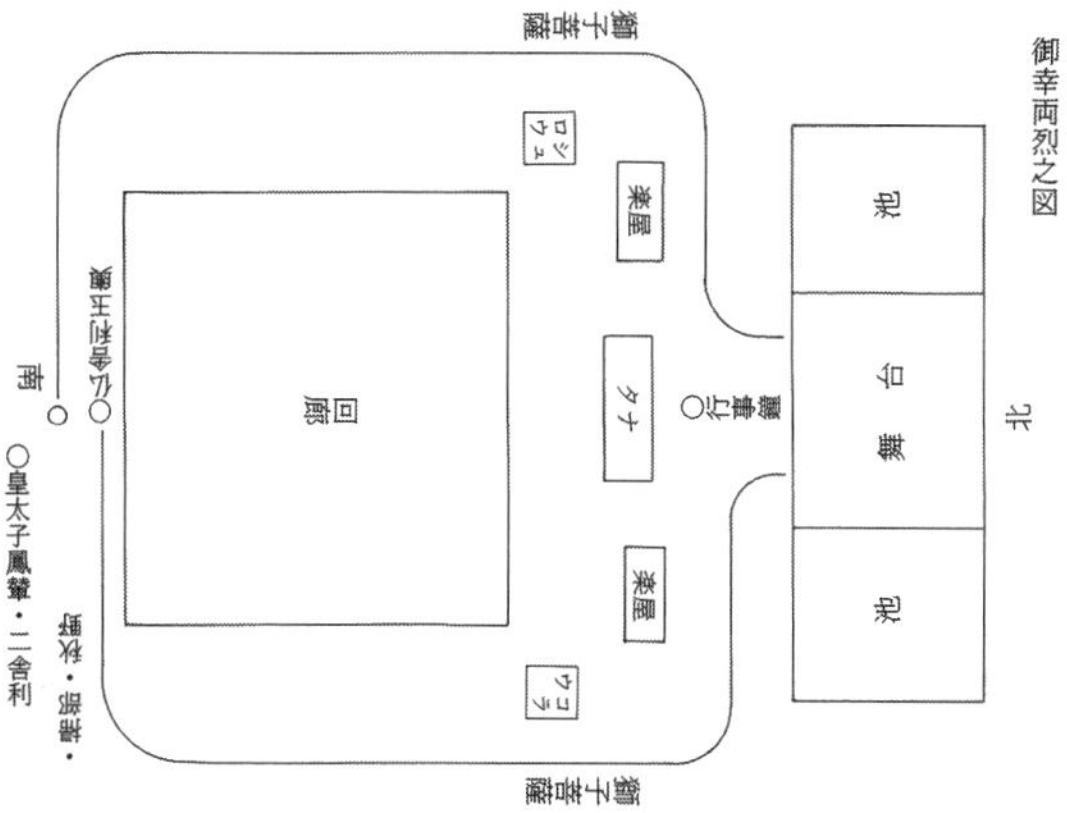

御幸両烈之図（『四天王寺三大会手文』）

法会が終了すると、両輦は還御《かんぎょ》を行います。還御では、左方の玉輿が六時堂を出て、石舞台から鐘楼の西側を通り、西回廊の外側を廻って西重門より金堂に至ります。この時、右方楽舎前を通るため、玉輿の還御には右方楽人が伴うことになります。一方、鳳輦はこれとは逆に石舞台より鼓楼の東側を通り、東回廊の外側を廻って聖霊院の西の四足門より宝殿に入堂します。この時、左方楽舎を通るため、鳳輦には左方楽人が伴うことになります。

なお、聖霊会の前日には、聖霊会の本尊である楊枝御影《ようじのみえい》を公文所《くもんじょ》の秋野坊が宝蔵から自坊へ持ち帰って一晩預かり、聖霊会当日に秋野坊より六時堂宮殿に遷座するという慣例がありました。秋野坊は現在の中之門の門前に所在し、宝蔵から中之門までの一直線の動線がこの通りであったとみられ、この動線もまた四天王寺の大会と深く関わっているのです。

このように行道の動線を辿ることによって、涅槃会や聖霊会などの大法会が、六時堂単独での法要ではなく、太子信仰の霊地である聖霊院と舎利信仰の霊地である金堂とが有機的な繋がりをもち、四天王寺ならではの信仰形態をもって成り立っていることが理解されるでしょう。現在の聖霊会では、これらの両輦を伴った行道は省略されており、両輦は事前に六時堂内の宮殿両脇に安置された状態で法会が開始され、また本坊を出た左右の群列は、六時堂の両脇の参道を通って舞台前に至るという簡素なものとなっています。しかしながら境内における諸堂と参道の配置は古くより今日も変わっておらず、これらの動線軸を保全することによって、四天王寺の信仰上における法会の本来的な意義をも維持することに繋がるのです。

8 世界一の大梵鐘と大鐘楼――英霊堂に秘められた物語――

平成二十九年（二〇一七）六月、四天王寺における近世・近代の重要建造物として、中之門・宝蔵・英霊堂（旧頌徳鐘楼）が大阪市指定有形文化財に指定されました。特にかつて世界最大の鐘楼であった英霊堂については、その建造に関わる資料も一括で附指定となっています。

英霊堂にかつて安置されていた大梵鐘については、すでに市村元氏によって詳細な報告がなされていますし（「幻の世界最大鐘」）。また四天王寺宝物館でも、平成二十九年春季名宝展「浪花の彩――花ひらく、近代絵画と四天王寺」展において、英霊堂の前身である大鐘楼とその天井画を描いた湯川松堂を紹介してきました。本稿では、これらと多分に重なる部分がありつつも、大梵鐘鋳造と大鐘楼建造について、四天王寺に残る資料や当時の写真から、改めてその経緯を辿っていきたいと思います。

現在の英霊堂

頌徳会の設立

英霊堂の前身である大鐘楼「頌徳鐘楼」に吊るされていた梵鐘は、正式には「聖徳皇太子頌徳鐘《しょうとくしょう》」といいます。この鋳造を企画したのが、明治二十五年（一八九二）に、聖徳太子の霊徳偉功を表彰するために設立された「頌徳会」です。この頌徳会は、小松宮彰仁親王を総裁とし、会長に山田信道大阪府知事、副会長に住友吉左衛門、国立十三銀行頭取であった鴻池善右衛門、四天王寺住職の吉田源應が就任しています。

頌徳会設立の目的は、「曠世の大聖人憶万の大恩人にておはします聖徳皇太子の霊功遺徳を国家的に表彰し奉り、万古に儀表して報謝の至誠を致さんとする」こととし、具体的には①太子殿の改築、②四天王寺本坊の拡張・修繕、③わが国随一の頌徳鐘の鋳造という三つの事業を掲げていました。この中でも同会が最も重要な事業として取り組んだのが、頌徳鐘の鋳造だったのです。

この梵鐘鋳造計画は、明治三十六年（一九〇三）に、天王寺公園にて開催されることとなった第五回内国勧業博覧会を契機として、一九二一年に迎える聖徳太子一三〇〇年御忌の記念事業と位置付けられたもので、明治三十三年（一九〇〇）の「頌徳鐘鋳造の趣意」によってその理念を世に発しています。ここには、当時の仏教界のあり方を憂慮し、「科学全盛の極、人咸《みな》物質主義に偏《かた》むき、快楽主義に流れ、邦家の命脈たる内容の精神的宗教は、地を払ふて将に空しからんとするの今日を挽回して、科学の進歩に相ひ伴ひ両輪双翼の如くならしめんとす」として、科学と宗教が両立すべきことを梵鐘鋳造という形で世に知らしめ、そしてこの大梵鐘を法器として、各宗僧徒諸師による万僧供養を執行し、「積年絶へて忘却したりし皇太子が霊徳偉功と文明の鼻祖、開花の先導者たることを社界に警告する」とともに「寇賊《こうぞく》を摧折し、魔外を屈伏して、国家の安寧、宝祚の万歳、三宝の昌隆を祈らんとす」と高らかに宣言しています。ここに世界無二の大梵鐘「頌徳鐘」の鋳造が発願されたのでした。

大梵鐘鋳造への勧進

会の一大事業として梵鐘鋳造を掲げた頌徳会は、明治三十三年より、副会長であった吉田源應を中心として、梵鐘鋳造のための勧進活動を開始します。頌徳会発行『頌徳鐘の由来』によると、各地より寄付や古銅器や古鏡類の喜捨を募るとともに、源應自らも「一蓋の笠に烈日寒雨を凌ぎ、一足の草鞋に熱沙凍土を踏み、車頭に立ちて飛錫したりし」といいます。このような勧化活動の最初期に配布されたのが、「世界無弐の大釣鐘縮図」でした。

これには、

高サ　二丈六尺
指シ渡（口径）　一丈六尺
厚サ　二尺二寸
廻リ　五丈四尺
目方（重さ）　四万二千貫

とあり、頌徳鐘の規模が記されています。大鐘として知られる京都・知恩院の梵鐘が、高さ一丈六尺（四・八メートル）・廻り二丈八尺五寸（八・六メートル）・重さ二万貫（七十五トン）であることを考えれば、その二倍近い大きさになる頌徳鐘がいかに巨大な梵鐘であったかがわかります。

またこの勧化の一環として、同年七月六日より二日間にわたり、五重塔前にて「頌徳会寄附大相撲」が行われており、様々な方法で寄附を募ったことがうかがい知れます。さらに、この梵鐘鋳造の発願を記念して、釣鐘型のまんじゅうが門前で売り出されました。これが、今でも石鳥居そばに店を構え、大阪銘菓として親しまれている釣鐘屋の「釣鐘まんじゅう」です。寺内だけではなく、門前町も一緒になってこの大事業を盛り上げようという機運の高まりを感じさせます。

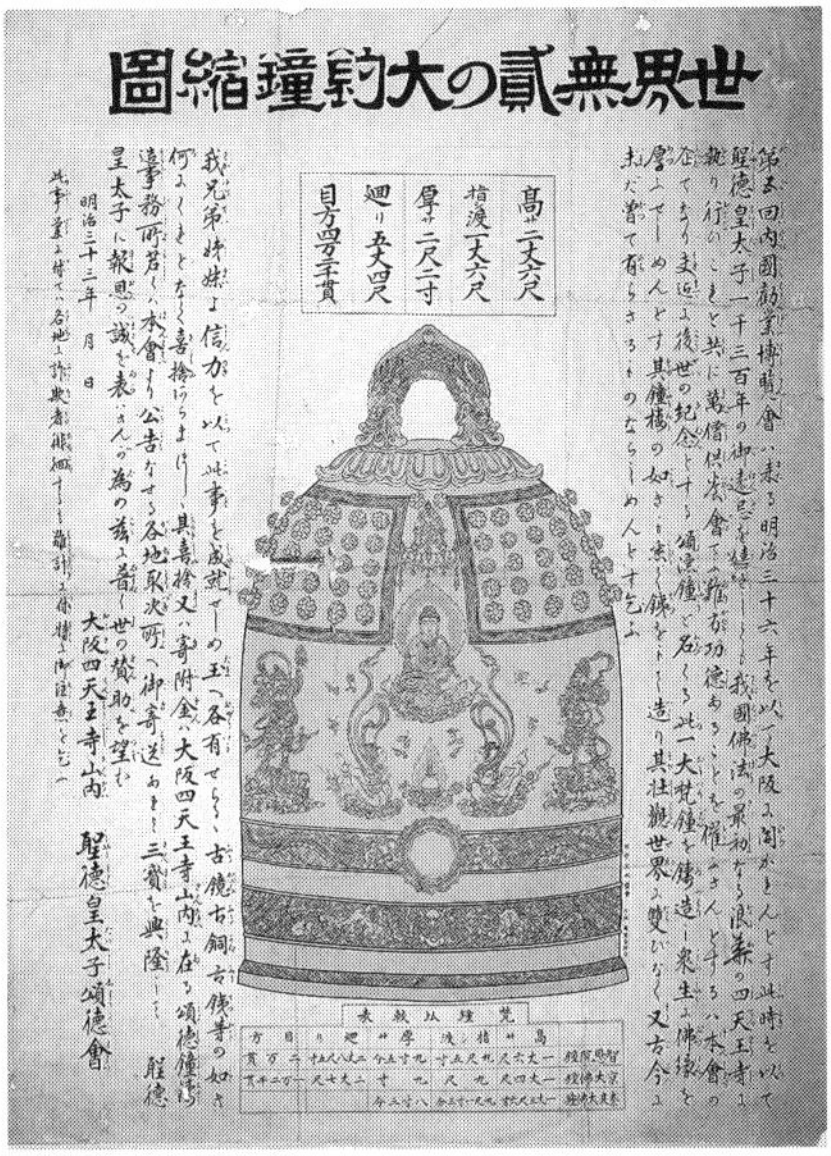

世界無貳の大釣鐘縮図
（大阪市指定有形文化財、明治33年）

これらの活動により、九万人に及ぶ人々からの寄付が集まり、古鏡十四万～五万枚、銅器八千～九千貫目による地金と、寄付金十二万円が集まったといいます。しかしながら、明治三十五年（一九〇二）発行の「大阪四天王寺頌徳鐘之図」に示される費用概略には、梵鐘鋳造費・金二十一万円、鐘堂建築費・金十万円の合計三十一万円とあり、残念ながら目標の額には遠く及びませんでした。

ところで、前述の「世界無弐の大釣鐘縮図」にあるように、当初の計画では、双龍の龍頭に、縦の紐を表さず池の間に釈迦如来をはじめ飛天や二天を配した、朝鮮鐘の形式を踏襲する極めて豪華な意匠であったことがわかります。これは四天王寺仏師田中主水《もんど》による図案でした。しかしながら、予算の都合によってこの複雑な意匠は採用されることはなく、実際には平凡な和鐘の形式が採用されました。前後の縦帯には小松宮彰仁親王による揮毫がなされ、池の間には吉田源應撰・入木道藻誉《じゅぼくどうそうよ》筆による銘文が記されています。後に、図案を作成した田中主水立慶の次代の主水が、亡父の図案に拠っていないことを不服として改鋳を要求しており、この図案変更においても厳しい資金繰りが垣間見られます。

大梵鐘鋳造と鐘楼の建造

大々的に行われた勧進活動により、各所より寄付が集まったことから、明治三十五年頃より大梵鐘鋳造の準備に入ることになります。大梵鐘鋳造の経緯については、『頌徳鐘の由来』及び二代目今村久兵衛の記述に詳しいので、以下これらに沿って鋳造までの過程を辿ってみましょう。

まずは大阪砲兵工廠に鋳造の交渉とともに各所の梵鐘を調査して見積が出されました。

この工廠より提出された見積によると、頌徳鐘の鋳造経費は約二十四万円、これに工廠から四天王寺間の輸送費二万円を足して合計二十六万円となっています。当時の公務員の初任給が五十円程なので、現在の価値に換算すれば九億四千万円近い金額となります。十二万円もの寄付を集めたとはいえ、砲兵工廠の見積の半分にも及びませんでした。やむなく梵鐘調査の実費六百円を支払い、工廠での鋳造は白紙となります。

そこで立ち上がったのが、大阪鋳物工業組合員の今村久兵衛・中井久太郎・市橋寅吉・浅田松五郎等四名でした。今村らは、協議の末、地金・送風機・電気使用料の一切は頌徳会が負担し、溶解炉の装置その他設備上の諸費は技師に属すこととして、もし一回の鋳造でうまく行かなった場合三回までは改鋳することを条件に、この鋳造を請け負うこととなりました。

当時、彼らの提示した見積書の記録が残っています。

見積明細書

一、日向松炭　鋳型用二万五千貫目　代二千円
一、松　割　木　溶解用一千二百貫目　代三十円八十銭
一、コークス　鋳造用三十噸　代四百三十五円

一、煉　瓦　鋳型用五万個　代二百五十円
一、銑鉄金枠　鋳型用八十枠　代六千四百円
一、鋳型焼土　勝間産土　代四百五十円
一、汽器汽罐　五馬力八台　代五千六百円
一、送風機　五馬力用八台　代九百二十円
一、溶解炉　鉄板製径六尺八台　代千四百四十円
一、鋳型沈下用穴　高十二尺
　地下二十五尺　直径二十五尺　代百円
一、右穴土留め煉瓦積　工料　代七百廿一円七十銭
一、穴の下コンクリート　工料　代二百五十円
一、大工、鍛冶、手伝工　工料　代千百五十円
一、鋳造ニ関スル仕上ゲ総工賃　代一万三千六百十五円
一、鋳型ノ道具上下ノ木材、
　樋溶解炉ノ足場一切　代四千五百円
●総金額三万七千八百六十二円五十銭
但シ左記材料ハ四天王寺頌徳会ニテ負担

一、金三万三千九百六十二円五十銭　地銅代
一、金四千六百七十五円　錫　代
一、金　二　千　円　仮工場小屋掛代
一、金二千五百円　大梵鐘地下ヨリ
　　　　　　　　　引上ゲ代
　計四万三千百三十七円五十銭
右両方総合計八万一千円也　大梵鐘代
明治三十五年二月二十五日
　　　　市橋寅吉
　　　　今村久兵衛
　　　　浅田松五郎
　　　　中井久太郎
　大阪四天王寺山内頌徳会御中

これによると、今村らの請負金は三万七千八百六十二円五十銭となっていますが、実際の請負額は三万三千百四十八円であったようで、四千七百十四円五十銭の減額が生じてい

ます。鋳造場の電動力として五十馬力もの電力を必要としたため、発電所から電線を引く工事と総電力賃が四千四百円もかかったといいますから、会からの減額の申し出があったことは容易に想像されます。その他地銅や諸工事の費用を合わせると総額八万一千円の事業ですが、当初計画の三分の一ほどの資金での着手となったのでした。

施工者も決まり、鋳造への準備が進められます。明治三十五年三月十九日、盛大な地鎮祭が厳修され、次いで同年九月十四日には「聖徳皇太子頌徳鐘鋳造祝禱大法会」、十月の「蹈鞴《たたら》の式」を経ていよいよ起工となります。鋳造場は、現在の英霊堂の真下の位置に、七間四方の棟高五間半のバラック小屋を建て、その中央に深さ・直径それぞれ二十五尺（約七・六メートル）の総煉瓦積の大穴を掘り、そこに鋳型を降ろして鋳造する方法がとられました。

明治三十六年（一九〇三）一月二十四日正午、鋳型の中に一斉に熱銅が流し込まれます。鋳型内部の水分が水蒸気となり、濛々と立ち込める様子が当時の写真からわかります。それも十二、三分ほどで無事流入が完了すると、その場にいた一同によって万歳三唱の掛け声が上がりました。職工その他関係者百数十名が、樽酒の鏡をぬいて冷酒をいただき、太子殿を参拝、引き続き鋳造場に飾ってあった日の丸扇子を組んだ御幣を担いで、関係者の家々へお祝いに回ったといいます。

そして同年五月九日には、かねてより計画されていた聖徳太子一三〇〇年御遠忌万僧供養が執行されています。

梵鐘鋳造の完了に続いて、鐘楼建設の準備が進められます。梵鐘鋳造に比して、鐘楼建築に関する史料はさほど多くは残っていませんが、吉田源應の日記『日鑑』(四天王寺蔵)には、明治三十九年(一九〇六)十一月七日の上棟式や、湯川松堂による天井画制作に関する記述が見られます。

頌徳鐘と吉田源應(明治36年)

鐘楼建設ののちに金剛組の棟梁・金剛重治によって奉納された鑿《のみ》は、本事業にかける金剛の特別な思い入れを感じさせます。世界最大級の鐘楼建造もまた、大工にとって一世一代の事業として取り組まれたことがうかがえます。

明治四十年(一九〇七)十月十三日には森下仁丹創業者・森下

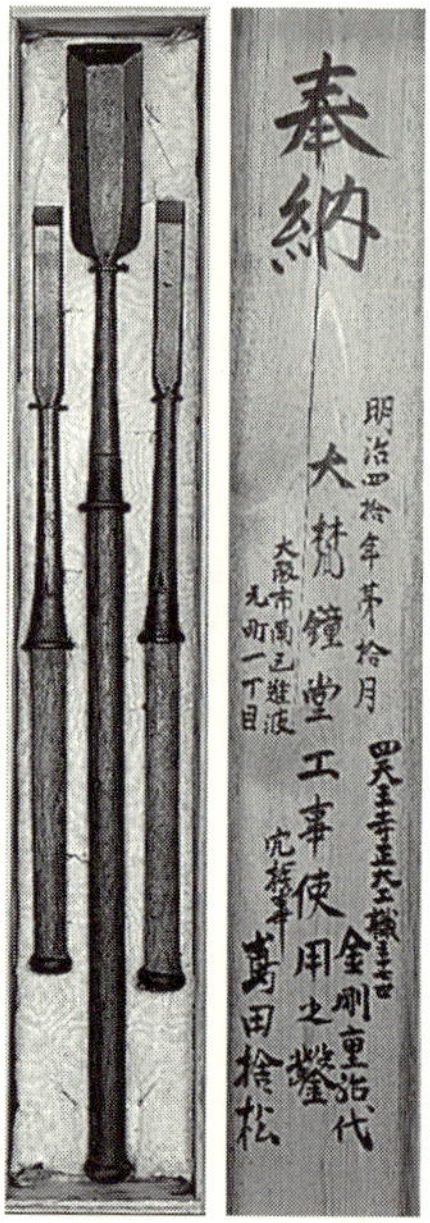

金剛重治奉納の鑿と箱書

博寄進によって湯川松堂が描いた天井画も完成し、同年末頃には頌徳鐘楼も竣工を迎えます。そして、梵鐘鋳造から遅れること五年、明治四十一年（一九〇八）五月二十二日、四天王寺鐘楼落成頌徳鐘撞始法要が厳修されました。

　しかし無情にも、披露されたその音は皆の期待に沿うものではありませんでした。その後四十年に亘り「鳴らずの鐘」として梵鐘は沈黙を続けることになります。あれだけの労力と資金を投入して鋳造成し遂げた鐘を前にして、今村らの心境は如何ばかりであったことでしょう。

建造直後の頌徳鐘楼（明治41年）

大梵鐘の末路と大鐘楼のその後

太平洋戦争の戦況が切迫する中、昭和十六年（一九四一）に「金属類回収令」が公布され、翌十七年にはこれがさらに強化されていきます。このような時勢により、昭和十六年十月七日、森田潮應貫主代行が信徒総代相談会を招集して意見を聞き、大阪府社寺兵事課へ頌徳鐘献納の意思表示を行います。

昭和十七年十月四日には、仏具特別回収のため、四天王寺大梵鐘及び東西両引導鐘鐘銘の第一回調査が実施されるなど準備が進められました。そして同年十一月二十五日、午前十一時より、大梵鐘下にて武藤舜應貫主を導師とし、三邊大阪府知事、関大阪師団長、大阪警備府司令官、坂間大阪市長等が臨席して頌徳大梵鐘撞き納め式が厳かに行われました。世界一と謳われた大梵鐘の最後の咆哮を聞き逃すまいと集まった多くの人々が見守る中、「ダアーンー」という大砲の音のような太い響きが辺りにこだましたといいます。

供出が決定され、その吊り降ろしの評定の席で、大阪大学工学部教授の多賀谷正義により「鳴らずの鐘」の謎が説明されています。本来、鐘は全ての鐘壁の厚さが均等でなければなりません。当初、頌徳鐘は厚さ一尺六寸（約四十八センチ）と謳われていましたが、実際調べてみるとこの厚みをもっているのは一番下の縁のみで、下から三尺目は二寸三分、六尺以上になるとわずか一寸七分、つまり五センチほどしか厚みがなかったことがわかっ

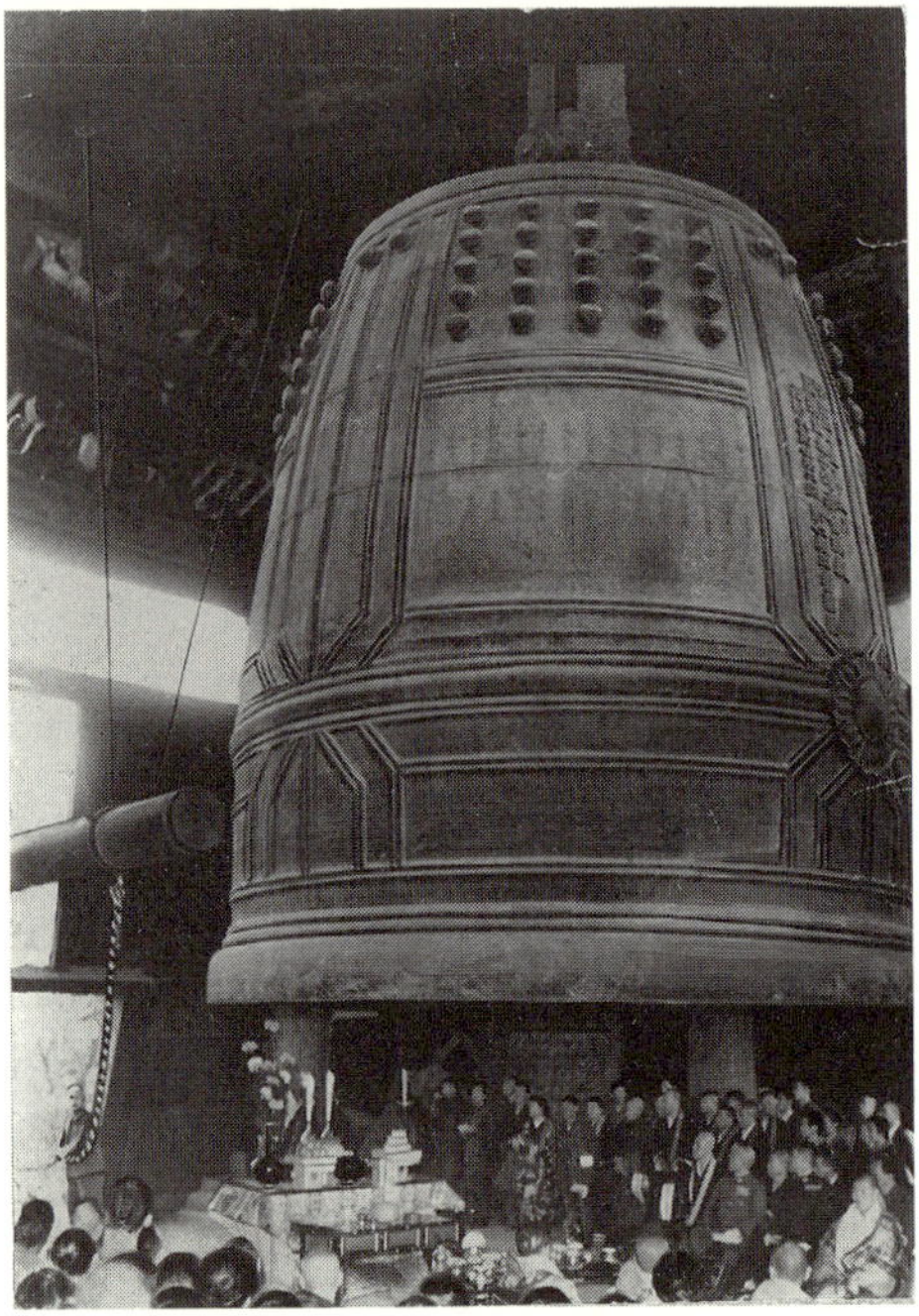

頌徳大梵鐘撞き納め式（昭和17年）

ています。これに加え、所々に鋳造の継ぎ目があるため、鳴りが悪かったという結論に至りました（「大阪朝日」昭和十八年二月二十五日）。また、当初より四万二千貫と謳われていた重量は、正味一万七千貫（約六十四トン）余りしかなかったことも判明しています。

昭和十八年（一九四三）三月二十日より吊り降ろしの作業が開始され、四十年ぶりに地上に降ろされた大梵鐘は、細々と裁断された後、同年六月三日に全ての搬出が終えられました。明治の人々が威信をかけて鋳造した大梵鐘は、ここにはかなくその役目を終えたのでした。その後、この梵鐘は銃弾や兵器にその姿を変え、多くの尊い命を奪う一助となってしまったのです。

鐘を失った大鐘楼は、戦後、戦争無き真の平和の表徴として、戦没者を供養するため「平和祈念堂」として改修されることとなりました。昭和二十四年（一九四九）、比叡山より寄進された御本尊大阿弥陀仏御勧請練供養《ごかんじょうねりくよう》、同入仏式を経て、昭和二十六年（一九五一）に現在の英霊堂が落成を迎えます。昭和二十七年（一九五二）には、沖縄仏教会の招きにより、四天王寺沖縄慰霊団を出して遺骨収集にあたりました。二月八日沖縄遺骨二十一柱が戦後初めて大阪港に着き、四天王寺に迎えられ英霊堂に安置され、同十五日には英霊堂にて慰霊法要が厳修されています。

以後、大阪府遺族連合会・大阪市遺族会からなる英霊堂護持会の支援を受けながら、現在は戦没者に加え、自然災害による犠牲者を追悼する慰霊塔としてその役割を担っているのです。

9 史跡「四天王寺旧境内」を継承する——史跡の本質的価値——

四天王寺の境内は、「四天王寺旧境内」という名称で国の史跡に指定されています。つまり、境内全域が国の重要な文化財であるということです。一方で、令和四年（二〇二二）に聖徳太子一四〇〇年御聖忌を迎えるにあたり、境内の建物の大規模な改修事業が計画され、文化財である史跡の保護と境内の整備、これら相反するものを調整しながら事業を行わねばならないという課題に直面します。そこで四天王寺では、この史跡を保存し、正しく後世に継承していくために、整備におけるルールを決めることにしました。このルールのことを「史跡保存活用計画」といいます。平成二十九年（二〇一七）より二年をかけて国の補助事業として計画策定事業を進め、その成果として『史跡四天王寺旧境内保存活用計画』をまとめました。ここではその核となる内容についてご紹介しながら、史跡「四天王寺旧境内」の本質的な価値についてみていきたいと思います。

「史跡」とは

まず「史跡とは何か」という話から始めたいと思います。史跡は「文化財保護法」という法律の中にその定義が書かれています。同法第二条には、「文化財」に掲げるものとして、

貝づか、古墳、都城跡、城跡、旧宅その他の遺跡で我が国にとつて歴史上又は学術上価値の高いもの、庭園、橋梁、峡谷、海浜、山岳その他の名勝地で我が国にとつて芸術上又は観賞上価値の高いもの並びに動物（生息地、繁殖地及び渡来地を含む。）、植物（自生地を含む。）及び地質鉱物（特異な自然の現象の生じている土地を含む。）で我が国にとつて学術上価値の高いもの（以下「記念物」という。）

つまり古墳や城跡、さらには庭園、海浜や山岳、動植物も文化財ですよと書いてあります。そして、建造物や絵画、彫刻などは一括りに「有形文化財」と呼ぶのと同様に、古墳や城跡、動植物や山岳といったものをまとめて「記念物」と呼ぶとあります。さらに同法第百九条には、

文部科学大臣は記念物のうち重要なものを史跡、名勝又は天然記念物（以下「史跡名勝天然記念物」と総称する。）に指定することができる。

文部科学大臣は、前項の規定により指定された史跡名勝天然記念物のうち特に重要なものを特別史跡、特別名勝または特別天然記念物に指定することができる。

とあり、記念物の中で、重要なものを「史跡」に指定することができるとあります。有形文化財であればわかりやすいと思いますが、有形文化財のなかで重要なものを「重要文化財」とし、その中でも世界的にみても非常に貴重なものについては「国宝」に指定します。これと同じように、記念物の中で特に重要なものに関しては「史跡」「名勝」「天然記念物」として指定し、さらにその中で極めて重要なものは「特別史跡」「特別名勝」「特別天然記念物」に指定するということです。つまり「史跡」は、仏像などでいえば「重要文化財」に相当し、「特別史跡」というのは「国宝」と同等の文化財的価値があるということになるのです（上図）。

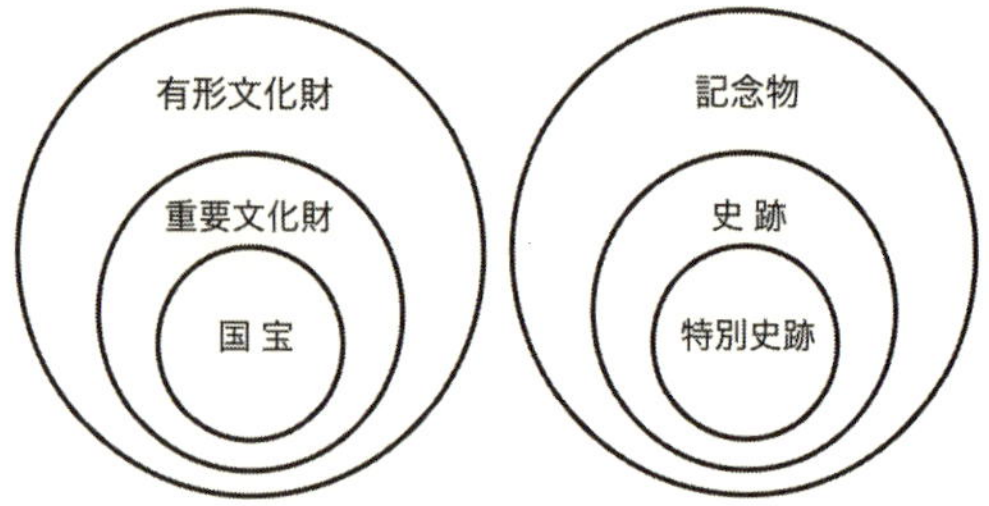

記念物と有形文化財

　では、具体的に史跡とはどの部分のことかというと、大まかにいえば、土地全体が文化財となります。四天王寺でいえば、次頁地図の太線で囲まれた所がすべて史跡指定地、つまりは国の指定文化財です。土地そのものが文化財になりますので、基本的に史跡の一番のメインとなるのは、地表とその地下に埋まっている遺構です。仮に四天王寺旧境内のどこかを掘ってみると、多くの場合昔の瓦や建物の痕跡などが出て

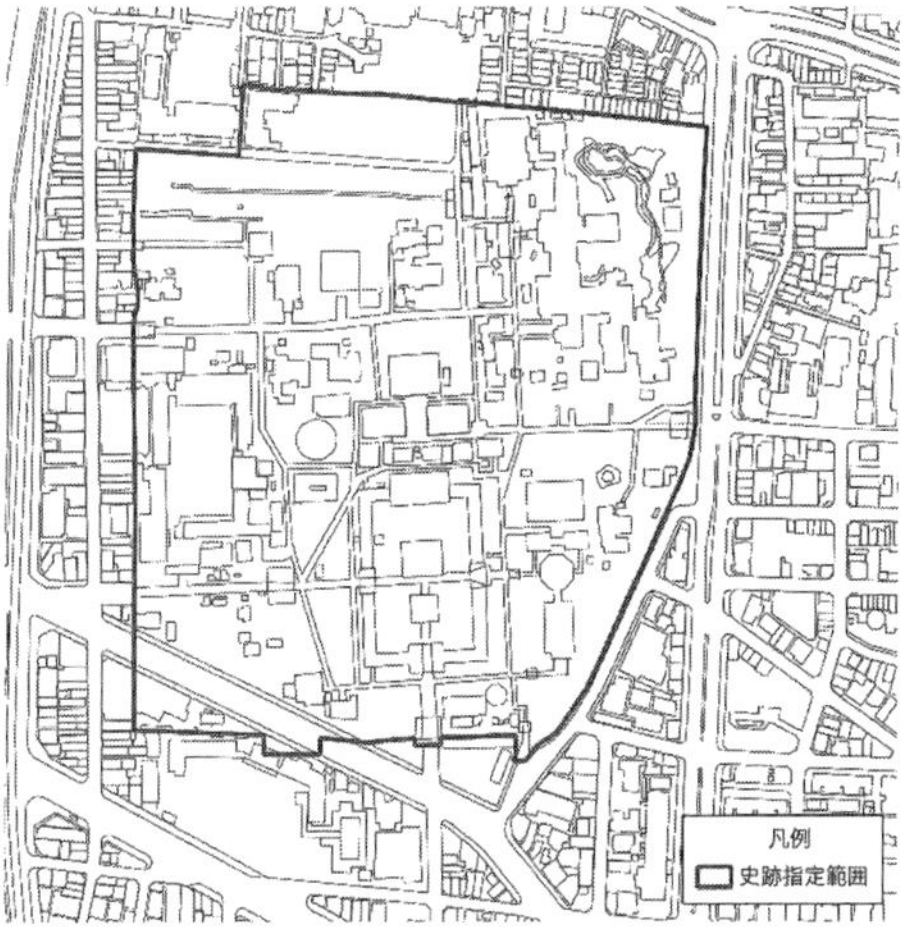

史跡「四天王寺旧境内」指定範囲

きます。つまりこの太線の範囲内はどこを掘っても四天王寺の昔の名残が出てくるため、そういったものは国として守るべき重要な遺産であるから、この土地全体を文化財として守っていこうとするものです。

さらにもうひとつ大切なのが景観です。四天王寺に来て「ああ、四天王寺さんにきたなあ」と思う風景を指しています。その場所で脈々と守られてきた独自の歴史的な風景、いわば「四天王寺らしい風景」というものも、史跡としての重要な価値であるということなのです。

史跡「四天王寺旧境内」

次に史跡「四天王寺旧境内」の概要を確認しておきます。境内の面積は十一ヘクタール（十一万平方メートル／三万三千坪）で、甲子園球場二つが軽くすっぽり入ってしまう広さがあります。現行法による史跡の指定は、昭和二十六年（一九五一）ですが、これに先立つ昭和二十三年には、「四天王寺境内地」として、史跡名勝天然記念物保存法により史跡に仮指定されています。実は戦後、空襲で焦土となった四天王寺跡地利用を巡って、区画整理委員より西門から東門へ境内を横切る道路の建設が提案されたようで、これを阻止するために急遽仮指定を受けたという経緯があったようです。

史跡の指定に先駆けて、戦前戦後に境内発掘調査が行われています。文化十年（一八一三）に建てられた五重塔が、昭和九年（一九三四）に室戸台風によって中門とともに倒壊した折、その悲劇を少しでも無駄にしないために、初めての発掘調査が行われました。この時に創建期の基壇や瓦などが発見されています。この発掘作業の後、昭和十五年（一九四〇）に木造で五重塔が再建されています。堂本印象画伯が塔内の壁画を手掛けた、大変きらびやかな建物でした。しかしながら五年後の昭和二十年、大阪大空襲によって四天王寺は境内の南半分を焼失してしまいました。戦後、昭和三〇年〜三十二年に、国が主体となった発掘調査が大規模に行われ、これによって中門・五重塔・金堂・講堂から構成される中心伽藍の伽藍配置やその規模が、創建時のまま現在にまで保持されていることが確認されています。

鎌倉時代の『一遍聖絵』には四天王寺の当時の伽藍が詳細に描かれていますが、これと江戸時代の伽藍図や今現在の伽藍と見比べてみると、中心伽藍をはじめ、六時堂と舞台、鳥居のある西門、東大門と亀井堂など、堂宇の配置や構成などがほとんど変わっていないことがわかります。つまり、少なくとも鎌倉時代には今とほぼ同じ景観が整っており、それが今日まで保持されているということが確認できます。

四天王寺は『日本書紀』などによって、創建の経緯と時期がわかっており、大阪のみならずわが国の歴史にも深く関わる寺院であること、中心伽藍の規模が飛鳥時代の創建期からほぼ変わっておらず、その他の古い景観というものも現在にまで保持されているということで、学術的にも非常に高い価値を有しているのです。

「史跡保存活用計画」の策定

史跡においては土地そのものが文化財ですから、四天王寺の境内は、例えば大きな穴一つ掘るのにも原則国の許可が必要になります。一方で、四天王寺には毎日お参りの方がたくさん来られ、日々宗教的な活動が行われる「生きたお寺」です。こうした日々の運営の中で、駐車場を整備したり、倉庫などを建てたり、様々な理由で地面に手を加えるようなことが発生します。また、令和四年（二〇二二）の聖徳太子一四〇〇年御聖忌の記念事業として、中心伽藍の改修や失われた堂宇の復興など、これまで以上に大規模な境内の改修が計画されました。そうした中で、運営上必要だからといってやみくもに工事をするのではなく、適切に史跡を守りながら境内の整備事業を進めていくために、史跡整備の基本となる「保存活用計画」の策定事業を実施することになったのです。

事業の実施にあたり、まず当該史跡の現状を把握し、歴史・文化・景観・信仰上における当史跡の本質的な価値を改めて確認すること、つまりルールを決めるために「史跡四天王寺旧境内とは何なのか、どういう価値があるのか」というところをきちんと把握することから始まりました。この計画書作成にあたっては、建築史・考古学・美術工芸・歴史・法会・芸能など各分野の専門家の先生方と、文化庁・大阪府市の文化財保護課によって構成された「四天王寺史跡保存活用計画策定委員会」を組織し、現状の調査結果に基づいて史跡の本質的価値や、保存・活用・整備の方針などを協議しました。

史跡の本質的価値

史跡活用計画を策定するにあたって、当史跡の今まで提示されてこなかった新たな価値をもう一度見直して、整理するということが課題となりました。つまり今までは「古代寺院であり、それが現在にも継承されている」という点だけで指定を受けていたのですが、四天王寺の価値はこのほかにも認めることができるので、保存活用計画の策定を機に改めて考えようということになったわけです。そして策定委員会で議論を重ねて、次のように史跡の本質的価値をまとめました。

四天王寺は創建以来の宗教活動が途絶える事無く今日まで保持され、現在もなお継続しているという「生きた寺院」である。この宗教活動の中で生み出された多様な信仰とともに、その拠点となる宗教的空間がまとまりとして現在にまで継承されていることこそが四天王寺の価値の本質である。これを前提として四天王寺旧境内における歴史的経緯を踏まえ、下記の六つを本質的価値とする。

四天王寺というお寺が途絶えることなく、なぜ現在まで継承されてきたのか、それは常にここにお参りをされる方がいて、「信仰」がずっと生きてきたからであると考えました。さらにもう一つ重要なことが、四天王寺という寺院が、ただ単に建物が残っているというだけではなく、宗教施設として機能しているということです。例えば塔や金堂だけが残っているのではなく、創建以来の宗教的空間が、まとまりとして残っているということに四天王寺の価値の本質を見出したのです。これらの価値を前提として具体的に示したのが、次の六つの価値になります。

①古代寺院の伽藍配置を今に伝える生きた寺院であること

これは史跡の指定理由ともなっている点で、古代寺院として保持されているうえに、その地下の遺構には未だ当時の遺構が眠っているという価値です。

②太子信仰の聖地であること

四天王寺は聖徳太子が建てたお寺であり、太子信仰の聖地となってきたことによって四天王寺が信仰されてきたということです。またこの太子信仰を背景として、太子が亡くなってから五十年、百年という節目の年には、必ず遠忌の供養法要をしてきました。こういった機会に、太子の遺徳を再確認し、遠忌に向けて伽藍の整備や、道具類の新調、宝物の寄進などが行われることで、四天王寺が維持されてきたのです。令和四年（二〇二二）の千四百年御聖忌がまさにそのような節目になったわけですが、太子信仰の聖地であったことが、四天王寺を継続していくうえで重要であったということです。

③浄土信仰（西門信仰）の聖地であったということ

平安時代以降、四天王寺の西門域では浄土信仰が隆盛しました。寛弘四年（一〇〇七）に『四天王寺縁起』が発見され、これを契機として四天王寺が「極楽浄土の東門」であるという信仰が生まれました。当時流行した末法思想の影響もあり、天皇・貴族や一般の民衆が皆、四天王寺を訪れ、極楽往生を祈願したのです。極楽往生するためには、夕日を礼拝する「日想観」という修行があり、四天王寺の西門はその道場として整備されます。今は鳥居の向こうには道路や町が広がっていますが、昔は坂を下れば海が広がり、小高い丘の上から水平線に沈む夕日を一望することができました。こうした立地を活かすことで、四天王寺は浄土信仰の聖地となり、これによって四天王寺の繁栄を支えてきたわけです。

そして、この価値の明示においてもう一つ重視した点が、鳥居に向かって夕日を拝むという景観の保全です。境内の景観はお寺で管理することができますが、お寺の外のことは手立てがありません。将来、鳥居の前にビルなどが建って夕日が見られなくなるということは歴史的景観の破壊になりますので、そういった景観を阻害するようなことがあったら可能な限り対処していきましょうという意志も込めて、西門の景観の重要性も計画書のなかで提示しています。

④大阪を代表する歴史的都市景観の核であり続けていること

四天王寺は難波宮からみた大きな都の一角にあたります。今でこそ通天閣やあべのハルカスがありますが、飛鳥時代以来、難波いわゆる今の大阪のランドマークといえば、四天王寺の五重塔などの伽藍あるいは石鳥居であったわけです。このように歴史的な都市景観の一部であり、重要なランドマークであったという点に価値を見出しています。

⑤階級や宗派に関わらず広く信仰が受け入れられていること

四天王寺では「八宗兼学」として、どのような宗派でも受け入れています。それは太子信仰だけではなく、浄土信仰や舎利信仰・観音信仰であったり、亀井堂の聖水の信仰であったりと多様な信仰を取り込みながら、あらゆる階層の人々を受け入れる聖徳太子の精神に則るものです。そうした柔軟な宗教性に四天王寺の価値があり、それが結果として史跡を守ってきたのです。

⑥地域と密接な繋がりがあること

四天王寺は特に中世以降は非常に開放的なお寺であったことがわかっています。『一遍聖絵』などを見ると、境内には貴賤を問わず多くの人々が集い、また社会的な弱者も受け入れる素地がありました。このように誰でも分け隔てなく受け入れるという気風が、「てんのうじさん」という親しみを生み出し、人々の集いの場として地域との繋がりをずっと継続してきたわけです。牛市や、今日の大師会の骨董市なども、こういった気風の伝統の上にあるものです。そしてこの繋がりが、四天王寺有事の際に、その復興を支える原動力になっていったのです。このように、四天王寺が孤立したお寺ではなく、地元とともに歩んできたお寺であるということを価値として見出しています。

史跡を構成する要素

次に史跡「四天王寺旧境内」は何で構成されているのかということです。今回の事業では、史跡の現状を把握するため、二年をかけて建物や樹木をはじめ、石碑や墓石、電柱や掲示板に至るまで、史跡の中に何がどこにいくつあるかということを徹底的に調べました。そしてその結果を分類したのが「史跡を構成する要素」（次頁）になります。四天王寺旧境内に存在するものはすべて、このどこかに分類することができるようになっています。

「地下遺構」とは、戦後に行った発掘調査によって発見された遺構だけでなく、四天王寺の地下に未だに残される飛鳥以来の遺跡を含みます。その次の「出土遺物」も同じように、発掘調査時に見出されたもので、これらは埋め戻さずに宝物館にて保管されており、その多くは重要文化財に指定されています。

「建築物」はイメージしやすいかと思います。重要文化財になっている建物だけではなく、近代に建てられたものも含めて、あらゆる建物が全部ここに含まれます。「工作物」というのは人が中に立ち入らない構造物のことです。石鳥居や、六時堂前の石舞台といった指定品をはじめ、亀井堂の亀形石槽や守屋社のような祠も工作物になります。この他にも、阿弥陀堂の東側に遺る小さな石橋や、極楽門の前にある少し盛り上がった敷石も、工作物として分類しています。これらは昔の水路とその橋の名残で、江戸時代の絵図にも出てくるものです。

「美術工芸品」も史跡の要素に含まれるのかと思われるかもしれませんが、美術工芸品は、当史跡における信仰の所産として生み出されたものなので、史跡を評価するうえで重要な

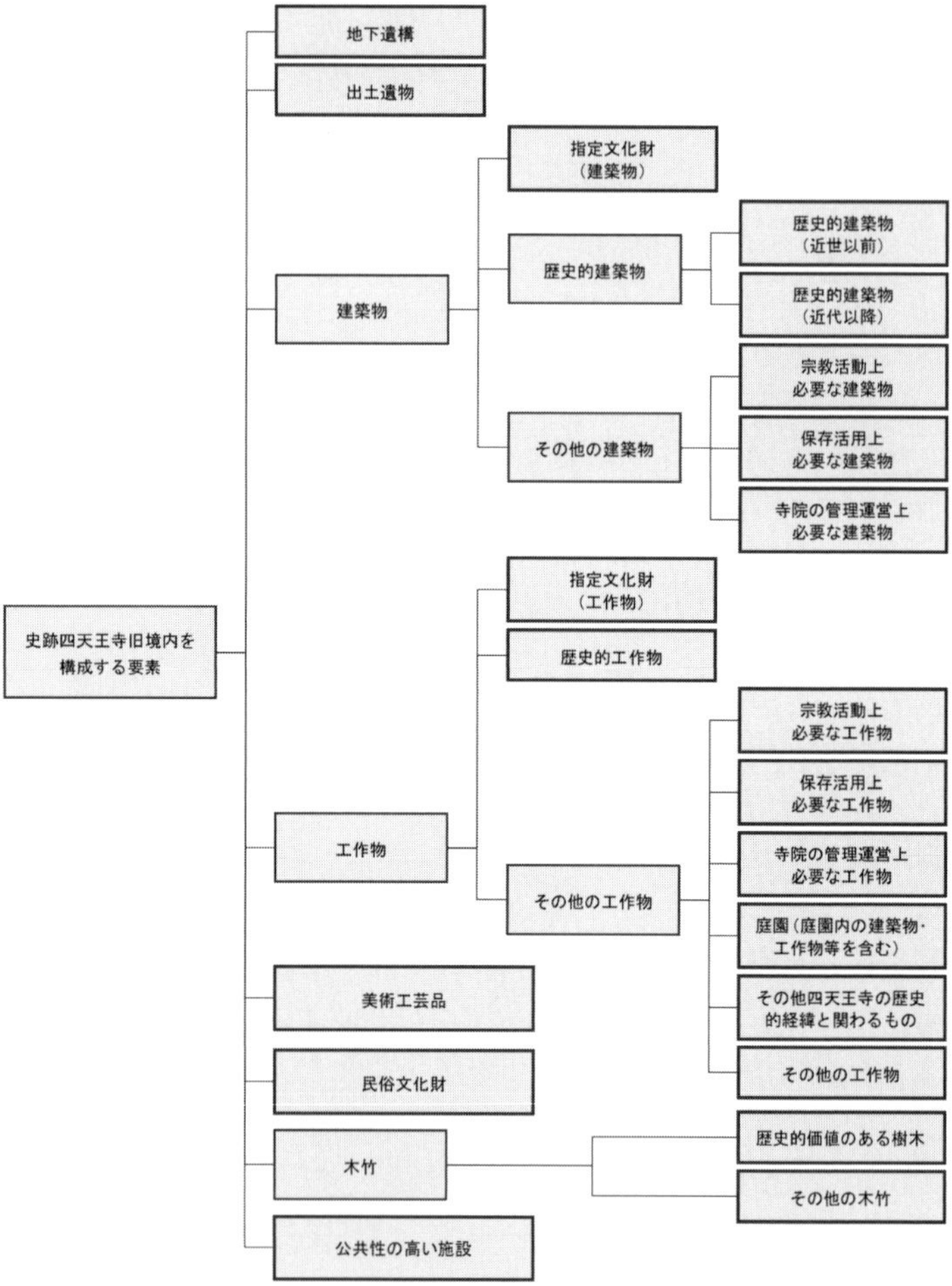
史跡四天王寺旧境内を構成する要素
地下遺構
出土遺物
建築物
指定文化財（建築物）
歴史的建築物
歴史的建築物（近世以前）
歴史的建築物（近代以降）
その他の建築物
宗教活動上必要な建築物
保存活用上必要な建築物
寺院の管理運営上必要な建築物
工作物
指定文化財（工作物）
歴史的工作物
その他の工作物
宗教活動上必要な工作物
保存活用上必要な工作物
寺院の管理運営上必要な工作物
庭園（庭園内の建築物・工作物等を含む）
その他四天王寺の歴史的経緯と関わるもの
その他の工作物
美術工芸品
民俗文化財
木竹
歴史的価値のある樹木
その他の木竹
公共性の高い施設

史跡を構成する要素

要素となります。次の「民俗文化財」の中には、お正月の「どやどや」や、大阪市指定の無形民俗文化財となっている「庚申まいり」、「聖霊会」（四月二十二日）や「経供養」（十月二十二日）などの舞楽法要やお祭りなど、無形文化財が含まれています。こういった行事を行うために、石舞台や楽舎、導線となる参道などが整備されているので、史跡が現在の形になっているのは、法会などと密接な関連があるということで、史跡を構成する要素として位置付けています。このように、四天王寺にあるものすべてが史跡の構成要素になっていることがわかります。

史跡を継承する

史跡を今後どのように保存し活用していくのか、『活用計画』では「史跡の保存・活用の基本理念」を次のように定めました。

四天王寺は聖徳太子による創建以降、幾度も灰塵と化したが、その都度伽藍を再建し、参拝者や地域住民の心の拠り所として、またまちのシンボルとして存在し続けてきた。さらに度重なる伽藍の焼失にあっても、歴史的価値を有する建造物や工作物、美術工芸品等を的確に保存し、古くからの法要・行事などについても絶やすことなく今日に継承している。創建以来の宗教活動が絶えることなく現在も保持され、継続しているという「生きた寺院」であり、信仰や宗教的空間がまとまりとして継承されていることこそが、四天王寺の本質的・普遍的な価値である。宗教活動が維持されてきたからこそ、当史跡における歴史的活動や宗教空間・景観が保持されてきた背景がある。史跡四天王寺旧境内保存活用計画においては、宗教活動の維持を前提としながら信仰とその拠点となる宗教空間や歴史的空間を保持しつつ、史跡の適切な保存・活用を進める。

つまりこのお寺が今日まで守られてきたのは、宗教活動が継続され、信仰が今日まで続いてきたからこそであり、今後も四天王寺が「生きた寺院」として継続していくためには、ただ単に建物や遺品だけを大事にしていけばいいということではなく、宗教活動や信仰の維持を担保しながら、史跡を守っていくことが必要であるということを理念としたのです。これを基底として、史跡の保存・活用・整備という観点から、史跡を継承していくためにどういったことを目指していくのかを考えました。

史跡の「保存」のために何をするのかというと、例えば「文化財調査・研究の実施」を掲げています。令和元年（二〇一九）に、学術調査によって亀井堂の亀形石槽が七世紀の古代遺品であることが明らかとなり、メディアでも報道されて話題になりました。ただ「亀形の石ですよ」と言われていたものが、「七世紀の祭祀に使われていたものですよ」ということになれば、やはり「大切なものだ」という意識に変わり、「守っていかなくては」という気持ちが芽生えます。そういった史跡の構成要素である文化財を、きちんと調査して価値付けしていくことで、史跡全体の価値を高めていく。その結果、史跡の保存にも繋がっていくことになるのです。

史跡の「整備」では、傷んだ建造物の修復を進める他に、空襲で焼失後、未だ再建されていない建物の復興を計画しています。建物の復興は、その場で行われていた法要の復興、つまり失われた宗教活動の復興にも繋がっていきます。近日では用明殿や傳教大師像（一乗院）が再建されています。

また「生きた寺院」としての機能を保持し、本質的価値を恒久的に保存していくためには、お参りに来られる方に継続して来てもらえることが大切であると考えています。信仰してくれる方がいるからこそ、四天王寺もお寺を維持することができ、結果として史跡が守られていくわけです。そのために「新たな宗教施設の整備」「アクセス・便益施設等の整備」などを項目として掲げ、参詣者の方が快適に過ごせる環境整備も史跡整備の一環として考えています。もちろん景観や地下遺構の保存に配慮しながらですが、参詣者の利便性を考慮した整備を進めていく。それが宗教活動の安定的な継続につながっていく整備であるということなのです。

史跡というものは、国宝・重要文化財に比べるとイメージしにくいかもしれません。国宝の扇面法華経冊子や懸守、重文の六時堂や石鳥居であれば「大事なものだな」と思ってもらえると思いますが、実は四天王寺というのは境内全域がそういった貴重な文化財であるということをお伝えできればと思います。なにより、四天王寺というお寺がご参詣の皆さんによって支えられていること、「また天王寺さんに参ろか」という気持ちが、史跡という文化財の維持・保存に繋がっていくのだということを皆で共有したいと思います。

主要参考文献

【図書】

・『頌徳鐘の由来』貴志七宝堂、一九〇三年
・武藤舜應『明意上人御伝記』清心講社、一九一七年
・『上方』（天王寺研究号）一―三、一九三一年
・多賀宗隼『慈円』（人物叢書）吉川弘文館、一九五九年
・和島芳男『叡尊・忍性』（人物叢書）吉川弘文館、一九五九年
・辻善之助『日本仏教史　上世編』岩波書店、一九六〇年
・石田茂作編『四天王寺』（秘宝　三）講談社、一九六八年
・奈良国立博物館編『聖徳太子絵伝』東京美術、一九六九年
・西川杏太郎編『舞楽面』（日本の美術　六二）至文堂、一九七一年
・秋山光和、柳澤孝、鈴木敬三著、東京国立文化財研究所監修『扇面法華経』鹿島出版会、一九七二年
・荒木繁、山本吉左右編注『説経節―山椒大夫・小栗判官他』（東洋文庫二四三）、平凡社、一九七三年
・菊竹淳一編『聖徳太子絵伝』（日本の美術　九一）至文堂、一九七三年
・雅亮会編『天王寺舞楽』講談社、一九七八年
・田邊三郎助編『行道面と獅子頭』（日本の美術　一八五）至文堂、一九八一年
・永井信一他編『四天王寺と河内の古寺』（日本古寺美術全集　七）集英社、一九八一年

・宮本輝、出口常順『四天王寺』（古寺巡礼 西国 三）淡交社、一九八一年
・中尾堯、今井雅晴編『重源 叡尊 忍性』（日本名僧論集 五）吉川弘文館、一九八三年
・石田瑞麿、宮次男他『四天王寺と大阪・兵庫の古寺』（全集日本の古寺 一五）集英社、一九八五年
・宇治谷孟『日本書紀（下）全現代語訳』講談社、一九八八年
・新修大阪市史編纂委員会編『新修 大阪市史 第二巻』大阪市、一九八八年
・「特集 聖徳太子伝の変奏」（『国文学 解釈と鑑賞』七〇二）至文堂、一九八九年
・棚橋利光編『四天王寺年表』（清文堂史料叢書 三一）清文堂出版、一九八九年
・中村浩、南谷恵敬『四天王寺』（考古学ライブラリー 六二）ニュー・サイエンス社、一九九一年
・棚橋利光編『四天王寺史料』（清文堂史料叢書 六六）清文堂出版、一九九三年
・岩崎武夫『さんせう太夫考―中世の説経語り』平凡社、一九九四年
・大阪市立美術館監修『聖徳太子信仰の美術』東方出版、一九九六年
・棚橋利光編『四天王寺古文書 第一巻』（清文堂史料叢書 七八）清文堂出版、一九九六年
・棚橋利光編『四天王寺古文書 第二巻』（清文堂史料叢書 七九）清文堂出版、一九九六年
・ウィリアム・H・マクニール（佐々木昭夫訳）『疫病と世界史（上・下）』中公文庫、二〇〇七年
・小峯和明『中世日本の予言書―〈未来記〉を読む』岩波書店、二〇〇七年。
・酒井シヅ『病が語る日本史』講談社、二〇〇八年
・大阪市立大学大学院文学研究科都市文化研究センター、大阪歴史博物館編『四天王寺境内絵図集』、二〇〇九年
・内田啓一監修『浄土の美術―極楽往生への願いが生んだ救いの美―』東京美術、二〇〇九年

・吉田一彦編『変貌する聖徳太子―日本人は聖徳太子をどのように信仰してきたか』平凡社、二〇一一年
・渡辺信和『聖徳太子説話の研究―伝と絵伝と』（新典社研究叢書　二二七）新典社、二〇一二年
・榊原史子『『四天王寺縁起』の研究―聖徳太子の縁起とその周辺』勉誠出版、二〇一三年
・大山誠一編『聖徳太子の真実』平凡社、二〇一四年
・兵藤裕己校注『太平記（一）』岩波書店、二〇一四年
・兵藤裕己校注『太平記（五）』岩波書店、二〇一六年
・牛山佳幸『善光寺の歴史と信仰』法藏館、二〇一六年
・阿部泰郎、吉原浩人編『南岳衡山と聖徳太子信仰』勉誠出版、二〇一八年
・出口善子『笙の風―出口常順の生涯』東方出版、二〇一八年
・吉川真司『天皇の歴史2　聖武天皇と仏都平城京』講談社、二〇一八年
・元興寺文化財研究所編『四天王寺亀井堂　石造物調査報告書』宗教法人四天王寺、二〇一九年
・宗教法人四天王寺編『史跡四天王寺旧境内保存活用計画』宗教法人四天王寺、二〇一九年
・田邉三郎助『論集　日本の仮面　上巻』中央公論美術出版、二〇一九年
・大澤研一『戦国・織豊期大坂の都市史的研究』思文閣出版、二〇一九年
・串田久治編著『天変地異はどう語られてきたか―中国・日本・朝鮮・東南アジア―』東方書店、二〇二〇年
・北川央『近世の巡礼と大坂の庶民信仰』岩田書院、二〇二〇年
・石川知彦監修、和宗総本山四天王寺編『聖徳太子千四百年御聖忌記念出版　聖徳太子と四天王寺』法藏館、二〇二一年

・南谷美保『四天王寺聖霊会の舞楽』（増補版）東方出版、二〇二一年

【論文】

・足立康「四天王寺の塔と額安寺の塔との関係」『四天王寺』六月号、一九三五年
・足立康「塔婆史上より見たる四天王寺五重塔」『四天王寺』二-六、一九三六年
・田中主水「四天王寺の大釣鐘が出来る迄の話」『上方』九四、一九三八年
・服部清道「四天王寺文化再興の概観」『四天王寺』五-一一、一九三九年
・服部清道「四天王寺文化再興の概観（二）」『四天王寺』六-一、一九四〇年
・佐藤佐「四天王寺文化五重塔倒壊見聞録（上）」『四天王寺』六-八、一九四〇年
・佐藤佐「四天王寺文化五重塔倒壊見聞録（下）」『四天王寺』六-九、一九四〇年
・今村久兵衛「鋳物師と四天王寺の大梵鐘」『上方』（梵鐘号）一四五、一九四三年
・牧村源三「四天王寺焼失手記」『太子鑽仰』一一三、一九四六年
・川岸宏教「四天王寺御手印縁起の出現前後」『四天王寺学園女子短期大学研究紀要』四、一九六二年
・兜木正亨「太子所持法華経の伝記と実際」日本仏教学会編『聖徳太子研究』平楽寺書店、一九六四年
・川岸宏教「四天王寺別当としての慈円―御手印縁起信仰の展開―」『四天王寺学園女子短期大学研究紀要』六、一九六四年
・平岡定海「四天王寺御手印縁起の性格について」『四天王寺学園女子短期大学研究紀要』六、一九六四年
・毛利久「四天王寺彫刻の鑑賞」『佛教藝術』五六、一九六五年
・川岸宏教「四天王寺絵堂と障子絵伝―聖徳太子信仰史の一駒―」『四天王寺女子大学紀要』一二、一九八

〇年
・小山正文「遊行寺本『聖徳太子伝暦』の書写者と伝持者」『聖徳』一〇九、一九八六年（蒲池勢至編『太子信仰』雄山閣出版、一九九九年再録）
・南谷恵敬「四天王寺蔵板絵聖徳太子絵伝について―復元的考察―」『大阪文化財論集―財団法人大阪文化財センター創立十五周年記念論集―』、一九八九年
・奥健夫「東寺伝聖僧文殊像をめぐって」『美術史』一三四、一九九三年
・市村元「四天王寺頌徳鐘の悲劇の生涯―幻の世界最大鐘」『鋳造工学』七〇（一）、一九九八年
・阿部泰郎「院政期における聖徳太子崇敬の展開―〃霊地〃における太子像―」『説話文学研究』三十五、二〇〇〇年
・川岸宏教「中世初期の四天王寺」『四天王寺国際仏教大学紀要』文学部三二・短期大学四〇、二〇〇〇年
・大橋一章「四天王寺創立時の仏像について」『佛教藝術』二五四、二〇〇一年
・川岸宏教「中世後期の四天王寺―諸寺院との関わりを中心として―」『四天王寺国際仏教大学紀要』人文社会学部三三・短期大学部四一、二〇〇一年
・川岸宏教「近世初期の四天王寺―堂塔の被災と再建―」『四天王寺国際仏教大学紀要』人文社会学部三四・短期大学部四二、二〇〇二年
・小秋元段「解題」『中世聖徳太子伝集成　第五巻　宝物集・拾遺抄・万徳寺本』勉誠出版、二〇〇五年
・川岸宏教「難波四天王寺のこころ―「本願縁起」を中心として―」『佛教文学』二九、二〇〇五年
・牧野和夫「解題」『中世聖徳太子伝集成　第二巻　真名本（下）』勉誠出版、二〇〇五年
・西山克「太平記と予兆―怪異・妖怪・怪談―」市沢哲編『太平記を読む』吉川弘文館、二〇〇八年

・木村展子「四天王寺の慶長再建について」『美術史論集』九、二〇〇九年
・阿部泰郎「四天王寺をめぐる聖徳太子伝と絵伝―霊地を創る太子」阿部泰郎編『文化創造の図像学　日本の宗教空間と身体』（アジア遊学一五四）勉誠出版、二〇一二年
・村松加奈子「聖徳太子絵伝の制作拠点に関する一考察―四天王寺と法隆寺を中心に」阿部泰郎編『文化創造の図像学　日本の宗教空間と身体』（アジア遊学一五四）勉誠出版、二〇一二年
・山﨑竜洋「近世四天王寺における寺院社会構造」『都市文化研究』十四、二〇一二年
・一本崇之「四天王寺所蔵千手観音及び二天箱仏についての一考察」『美術史歴参―百橋明穂先生退職記念献呈論文集』中央公論美術出版、二〇一三年
・一本崇之「四天王寺伝来の舞楽面・行道面」『四天王寺舞楽書用具―舞楽面編―』宗教法人四天王寺、大阪府教育委員会文化財保護課、大阪府伝統文化保護団体連絡会、二〇一四年
・山田淳平「近世三方楽所の成立過程」『日本伝統音楽研究』一三、二〇一六年
・一本崇之「江戸時代における四天王寺絵堂と聖徳太子絵伝―狩野山楽本以降の太子絵伝と文化再建絵堂をめぐって―」『美術史論集』一七、二〇一七年
・一本崇之「珂憶上人による四天王寺宝物寄進について」『四天王寺大学紀要』六五、二〇一八年
・谷口孝介「説話の語り変えと聖遺物―聖徳太子南岳取経説話をめぐって―」『日本語と日本文学』六四、二〇一八年
・中島里菜「〈光明皇后湯施行物語〉の研究―阿閦仏登場の背景を中心に」『龍谷大学大学院文学研究科紀要』四〇、二〇一八年
・渡邉慶一郎「四天王寺衆徒の変遷」『四天王寺』七九〇～七九四、二〇一九年

・一本崇之「地蔵菩薩坐像」『國華』一四九五、二〇二〇年
・山口哲史「四天王寺五重塔壁画に関する基礎的考察」西本昌弘編『日本古代の儀礼と神祇・仏教』塙書房、二〇二〇年
・石川知彦「聖徳太子遠忌と太子信仰のかたち」『四天王寺』八〇二、二〇二一年
・宮本圭造「面打「天下一越前」は何者か」『銕仙』七二九、二〇二二年
・一本崇之「四天王寺伽藍図からみた絵堂聖徳太子絵伝―狩野山楽筆板絵聖徳太子絵伝を中心に―」『大和文華』一四三、二〇二三年

【図録】

・大阪市立美術館編『田万コレクション名品展』、一九七五年
・「四天王寺の宝物と聖徳太子信仰」展実行委員会編『四天王寺の宝物と聖徳太子信仰』、一九九二年
・東京都美術館、大阪市立美術館、名古屋市美術館、NHK、NHKプロモーション編『聖徳太子展』、二〇〇一年
・大阪市立美術館編『聖徳太子ゆかりの名宝―河内三太子：叡福寺・野中寺・大聖勝軍寺―』、二〇〇八年
・春日大社国宝殿編『平安の雅を伝える春日舞楽の名宝　舞楽面・舞楽装束・雅楽器』、二〇一〇年
・四天王寺勧学部編『戦乱と復興―古文書から読み解く戦国期の四天王寺』、二〇一四年
・四天王寺勧学部編『阿弥陀さまとお地蔵さん―導きのほとけ―』、二〇一五年
・四天王寺勧学部編『〝はこ〟は語る―護られた宝物と歴史―』、二〇一六年
・奈良国立博物館編『忍性―救済に捧げた生涯―』、二〇一六年

・奈良国立博物館編『なら仏像館　名品図録』、二〇一六年
・四天王寺勧学部編『浪花の彩―花ひらく、近代絵画と四天王寺―』、二〇一七年
・四天王寺勧学部編『四天王寺絵堂の聖徳太子絵伝―その伝統と革新―』、二〇一七年
・四天王寺勧学部編『地より湧出した難波の大伽藍―四天王寺の考古学―』、二〇一八年
・神奈川県立金沢文庫編『聖徳太子信仰―鎌倉仏教の基層と尾道浄土寺の名宝―』、二〇一九年
・四天王寺勧学部編『扇面法華経冊子と平安の美』、二〇一九年
・中之島香雪美術館編『聖徳太子―時空をつなぐものがたり』、二〇二〇年
・和宗総本山四天王寺編『四天王寺所蔵　国宝扇面法華経冊子』、二〇二一年
・和宗総本山四天王寺、大阪市立美術館、サントリー美術館、日本経済新聞社編『千四百年御聖忌記念特別展　聖徳太子　日出づる処の天子』、二〇二一年

四天王寺略年表

西暦	和暦	月日	事項
五九三	推古天皇元年	四月	聖徳太子、難波荒陵に四天王寺を造る。
六二二	推古天皇三十年	二月二十二日	聖徳太子薨去。
六二三	推古天皇三十一年	七月	新羅任那の使者が貢ずる仏像を葛野秦寺へ、余の舎利・金塔・灌頂幡等を四天王寺に納める。
六四八	大化四年	二月	阿倍大臣、四衆を四天王寺に請い、仏像四軀を塔内に坐せしめ、霊鷲山像を造る。
七七一	宝亀二年	六月十四日	四天王寺僧敬明（教明）ら、『四天王寺障子伝』『七代記』を作る。
八〇三	延暦二十二年		四天王寺三綱寺主、縁起資材帳『大同縁起』を勘録する。
八一六	弘仁七年		最澄、四天王寺上宮廟に入り、詩を献じる。
八二九	天長六年		円仁借住し、一夏の中法華経及び仁王経を講じる。
八三六	承和三年		霹靂により塔心柱を折る。塔心底にあった聖徳太子御髪四把が盗まれる。
八三七	承和四年		東寺阿闍梨円行、初めて四天王寺別当に補任される。
九六〇	天徳四年	三月十七日	四天王寺焼亡する。
一〇〇七	寛弘四年	八月一日	十禅師慈運、金堂金六重塔内より『四天王寺縁起』を求め出す。
一〇三一	長元四年	九月	上東門院（彰子）、四天王寺を参詣し、西門で夕陽を拝し、金堂で経供養を行う。
一〇六九	延久元年	五月	絵師秦致貞、法隆寺東院絵殿の障子絵を描く。

一一四三	康治二年		藤原忠実、藤原頼長、覚法法親王ら四天王寺参詣。
一一四九	久安五年	十一月	鳥羽法皇、四天王寺念仏堂を供養。
一一八七	文治三年	八月二十二日	後白河法皇、四天王寺灌頂堂にて伝法灌頂を受ける。
一一九五	建久六年	五月	源頼朝、四天王寺参詣。
一二〇一	建仁元年	九月二十日	四天王寺塔の修理供養。後鳥羽上皇御幸あり。
一二〇四	元久元年	二月二十五日	四天王寺金堂の修理供養。後鳥羽上皇御幸あり。
一二一四	建保二年	六月	四天王寺宝蔵から「太子先身御持経」が出来する。
一二二四	元仁元年	四月	別当慈円、聖霊院絵堂を再建。 絵師尊智が聖徳太子絵伝・九品往生人図を描く。
一二二七	安貞元三年	十月	四天王寺東僧坊にて『天王寺秘訣』が書かれる。
一二八四	弘安七年	九月二十七日	西大寺叡尊が別当に補任される。
一二九四	永仁二年	四月十八日	極楽寺忍性が別当に補任される。同年、鳥居を石造に改め、悲田・敬田の両院を再興する。
一三二三	元亨三年		南都松南院座遠江法橋が聖徳太子絵伝六幅を作る。
一三二六	嘉暦元年		石鳥居の額を銅で造替する。
一三三三	元弘三年		楠木正成が天王寺周辺で合戦に及び、四天王寺にて太子未来記を披見する。
一三三五	建武二年	五月八日	後醍醐天皇が『四天王寺縁起』を書写する。
一三六一	正平十六年／康安元年	六月二十四日 九月二十四日	地震により四天王寺金堂が傾倒し、大塔の九輪が落ちる。 四天王寺落慶。
一三六五	正平二十年／貞治四年	五月二十四日	四天王寺金堂供養。 前大僧正忠雲、『禁裏御記』より「太子先身御持経」の記述を見出し、「法華経」を金堂に納める。

一四六三	寛正四年	四月十五日	四天王寺聖霊院供養。
一四七〇	文明二年	五月二十一日	大内の兵、四天王寺に放火する。
一五一〇	永正七年	八月八日	永正地震により石鳥居倒壊。金堂が傾倒し、金堂の如意輪観音像が破損。
一五七六	天正四年	五月三日	織田軍と本願寺の兵火により、四天王寺焼亡。
一六〇〇	慶長五年	三月二十七日	四天王寺落慶供養。
一六一四	慶長十九年	十一月六日	大坂冬の陣の兵火により四天王寺焼亡。
一六二三	元和九年	九月二十一日	伽藍再興が成就。
一八〇一	享和元年	十二月五日	雷火により四天王寺焼失。
一八一二	文化九年		四天王寺再建。
一八一九	文政二年	二月	聖徳皇太子千二百回御忌法事を厳修。
一八六三	文久三年	七月十七日	失火により聖霊院焼失。
一八七九	明治十二年	四月二十日	聖霊会舞楽法要復興。この年聖霊院落慶。
一八九七	明治三十年	五月三日	聖徳皇太子頌徳会設立。
一九〇三	明治三十六年	二月二十五日	頌徳鐘鋳造。
		三月一日	大阪市天王寺今宮にて第五回内国勧業博覧会が開催される。
一九〇八	明治四十一年	五月二十二日	頌徳鐘楼建立。
一九二二	大正十一年	四月十九日	天王寺高等女学校創立。
一九三一	昭和六年	七月十日	四天王寺施薬療病院創立。
一九三四	昭和九年	九月二十一日	室戸台風により、五重塔・仁王門が倒壊し、金堂が破損する。
一九三五	昭和十年	八月三日	金堂修復落慶供養。

一九三七	昭和十二年	四月二十二日	仁王門落慶式。
一九四〇	昭和十五年	五月二十二日	五重塔落慶大法要。
一九四五	昭和二十年	三月十四日	大阪大空襲により、亀の池以南の伽藍を焼失。
一九四六	昭和二十一年	一月二十二日	「和宗」開宗。四天王寺独立宣言を発す。
一九五〇	昭和二十五年	九月三日	ジェーン台風により仮金堂（旧食堂）が倒壊する。
一九五一	昭和二十六年	六月九日	四天王寺旧境内が国の史跡に指定される。
一九五五	昭和三十年	七月四日	中心伽藍の発掘調査を実施。
一九六三	昭和三十八年	十月十五日	四天王寺復興記念大法会厳修。
一九七九	昭和五十四年	十月十三日	聖霊院奥殿・絵堂・経堂落慶法要。
一九八三	昭和五十八年	九月十一日	杉本健吉、絵堂の聖徳太子絵伝を描く。
一九九五	平成七年	一月十七日	阪神淡路大震災。
二〇一五	平成二十七年	九月七日	中心伽藍耐震改修工事（平成の大修復）着工。
二〇一九	令和元年	五月一日	『史跡四天王寺旧境内保存活用計画』策定。
二〇二〇	令和二年	四月二十二日	新型コロナウィルス感染拡大に伴い、聖霊会を無参拝法要にて行う。
二〇二一	令和三年	二月二十一日	大法会行像聖徳太子十六歳孝養像開眼法要。
		九月四日	大阪市立美術館、サントリー美術館にて「聖徳太子 日出づる処の天子」開催（令和四年一月十日まで）
		十月十八日	聖徳太子千四百年御聖忌慶讃大法会開闢。
二〇二二	令和四年	四月二十二日	聖徳太子千四百年御聖忌慶讃大法会結願・聖霊会厳修。

あとがき

本書は、筆者が四天王寺在職中に執筆した上町台地界隈の地域情報紙『うえまち』（NPO法人まち・すまいづくり発行）連載の「四天王寺新縁起」（第一部）ならびに、寺誌『四天王寺』への寄稿文や展覧会図録などの掲載原稿（第二部）をもとに編集したものです。初出は左記の通りですが、第一部の「四天王寺新縁起」は第二部との重複もあり、原稿の削除や新稿を加えています。また第二部は全体の体裁を整えるためにすべて「です・ます」調に改め、いずれも大幅な加筆・修正を加えています。

第一部
- 1、2、4、35〜37　書き下ろし
- その他　連載「四天王寺新縁起」（二〇二二年聖徳太子一四〇〇年御聖忌記念）、『うえまち』（NPO法人まち・すまいづくり）、二〇一九〜二〇二二年

第二部

1. 「病と仏教」『四天王寺』第七九九号、四天王寺、二〇二〇年

2. 「四天王寺と夕陽(1)〜(7)」『かたてんNewsletter』二〇二〇年十一月号〜二〇二一年五月号、四天王寺病院、二〇二〇〜二〇二一年

3. 「四天王寺という〝場〟—説経節や絵巻にみる救済・復活・再生の物語とその背景—」『うえまち台地 今昔フォーラム Vol.18 Document』大阪ガスネットワーク エネルギー・文化研究所、二〇二二年

4. 「『夢来経』の出現—四天王寺伝来細字法華経とその伝承」『聖徳太子—時空をつなぐものがたり』図録、中之島香雪美術館、二〇二〇年

5. 「四天王寺伝来の仏像」『四天王寺』第七七七号、四天王寺、二〇一六年

6. 「四天王寺の舞楽面」『四天王寺』第七七三号、四天王寺、二〇一六年

7. 「第二章四天王寺を取り巻く環境—3. 歴史的環境—(2)四天王寺の歴史—2景観・信仰など」『史跡四天王寺旧境内保存活用計画』宗教法人四天王寺、二〇一九年

8. 「世界一の大梵鐘と大鐘楼—英霊堂に秘められた物語—」『大阪市有形文化財指定記念企画展 英霊堂—世界一の大鐘楼 建造の記録—』図録、四天王寺勧学部、二〇一七年

9.「史跡『四天王寺旧境内』を継承する—史跡の本質的価値—」『四天王寺』第七九五号、四天王寺、二〇一九年

※なお、第二部6「四天王寺の舞楽面・行道面」の加筆に際しては、JSPS科研費JP23K00185の助成を受けた研究成果を反映しています。

筆者と四天王寺とのご縁は、学生時代に四天王寺での文化財調査補助アルバイトとしてお世話になっていたことにはじまります。

筆者を職員として迎え入れてくださった当時の勧学部長・健代和央師（現四天王寺執事）は、四天王寺文化財調査の重要性を深く理解され、そのデータベース化事業を推し進められた立役者でした。収蔵庫に保管される膨大な数の寺宝と近世文書の目録を作成されたことはきわめて大きな功績であり、これらがなければ筆者の四天王寺研究はまったくもって成立しなかったといってよいでしょう。

その後、健代師にかわって勧学部長に就任された南谷恵敬師（現四天王寺執事長）のもとで、四天王寺の文化財業務に携わることとなりました。南谷師は勧学部長に着任されると早々に筆者を部屋に呼び、「勧学部は研究機関だと思ってくれていいので、これから好きなだけ四天王寺の研究をやってください。その代わり、自分で書いたものには自分で責任を

もつように。」とにこやかにおっしゃいました。南谷師は大阪大学文学部美術史研究室の第一期生であり、武田恒夫先生の一番弟子として長年美術史研究に携わってこられた学僧であられます。大学院あがりの、まだ何者でもない筆者を一人の研究者として信頼くださり、自由に寺宝を調査・研究する環境を整えてくださったことは誠にありがたく、この一言がなければ今の筆者はないといっても過言ではありません。寺宝を研究する意義を深く理解された南谷師のもとで、四天王寺史や宝物の研究に取り組めたことは最大の幸運でした。

本書の第一部をなす『うえまち』の連載（全四十回）は、二〇二二年に迎える「聖徳太子千四百年御聖忌」の記念連載として、二〇一九年～二〇二二年の三年間にわたり続いたものです。大阪歴史博物館や大阪城天守閣をはじめとする機関の錚々たる先生方が受け継いでこられたこの『うえまち』連載の執筆者に、筆者をご推薦くださったのは、当時大阪城天守閣館長であられた北川央先生（現九度山・真田ミュージアム名誉館長）でした。筆者が神戸大学文学部の後輩ということもあってか、常日頃より気にかけてくださり、宝物館での展示をご覧になると、後日お電話で長時間にわたって感想をお伝えくださいました。先生とのお話や数々のご著書から四天王寺や大阪の歴史についてたくさんのご教示をいただき、何よりその魅力を様々な形で発信され続ける先生のお姿に憧れ、そのお背中を追いかけながら四天王寺の勉強を続けてきたように思っています。

かつては発行部数七万五千部にのぼり、地域の皆様に親しまれていた『うえまち』でしたが、コロナ禍により二〇二〇年八月号をもって休刊を余儀なくされました。しかし発行元のNPO法人まち・すまいづくりの竹村伍郎理事長のご尽力により、本連載だけでも続けられるようにと、メディアプラットフォーム「note」などWEB媒体での公開と、小数部の紙媒体をベースとして掲載の場所をご提供いただきました。毎月こつこつと原稿を書き続けることで、普段ならば見過ごしてしまうような細かな資料にも目を向ける機会となり、四天王寺の歴史と向き合う時間となりました。最後まで連載を続けさせていただけたことは大変ありがたく、感謝の念に堪えません。

十二年間勤務した四天王寺では、指定文化財の保存修理をはじめ、宝物館の耐震改修工事、中心伽藍改修工事、史跡保存活用計画策定事業、聖徳太子千四百年御聖忌事業、特別展『聖徳太子――日出づる処の天子』（於大阪市立美術館・サントリー美術館）など大きな仕事に関わらせていただきました。その間、美術史だけでなく様々な分野の方々にご指導をいただくことができ、そこで得られたご縁や知見は貴重な財産として筆者の糧となっています。二〇二一年に御聖忌記念図書として刊行した『聖徳太子と四天王寺』（法藏館）は、調査や展覧会、様々な事業などでお世話になった先生方にお願いをしてご寄稿いただいたものです。龍谷大学龍谷ミュージアム副館長の石川知彦氏に監修をお願いし、筆者は執筆とともに企画・編集の担当として携わらせていただきました。
「誰もが手軽に手にとってもらえる四天王寺に関する読み物を出版したい」という筆者の長年のささやかな願いは、『聖徳太子と四天王寺』で達成することができたわけですが、竹村理事長より、『うえまち』の原稿も是非書籍にとご提案いただいたことから、僭越ながらこれを機に筆者が在職中に書き溜めた文章をまとめたいと考えるようになりました。本書は学術書ではないため、言葉足らずの部分も多々ありますが、長年四天王寺で過ごす中で学んだことやおもしろいと思ったことを、一般の方々にもできるだけわかりやすくと心がけて綴ってきたものです。

在職中、四天王寺病院の「かたてん（語ろう！四天王寺病院で）」の活動や南大江「郷塾」など、地域コミュニティでの勉強会や講演会にお招きいただき、お話をさせていただく機会が多くありました。そうした中で、筆者の講演には必ず駆けつけてくださるてんのうじ観光ボランティアガイド協議会の皆様をはじめ、地域の方々の四天王寺や地元の歴史を深く知りたいという熱意に触れ、ふいに投げかけられる素朴な疑問がいつも新鮮で刺激となっていました。皆様の想いに少しでもお応えすべく勉強を進めることで、「大阪の仏壇」とも称される四天王寺の本質的な姿が垣間見えてきたように思います。

本書がそうした方々のご期待に沿うものになったかどうかははなはだ心もとないところ

ですが、四天王寺という魅力的なお寺に興味をもってもらえる、ささやかなきっかけになればこれ以上うれしいことはありません。

筆者は縁あって、二〇二二年六月より奈良の大和文華館の学芸員として勤務し、四天王寺を退職しましたが、その後も特別調査員という形で四天王寺文化財の調査や保存修理のお手伝いをさせていただいています。四天王寺についてはまだまだ勉強することが尽きませんので、これからも自身のライフワークとして続けていきたいと思っています。

最後になりましたが、本書刊行にご理解をいただき、監修という形でご指導を賜りました四天王寺の南谷恵敬執事長様ならびに同勧学部の皆様、原稿の遅れなど筆者の怠慢により多大なご迷惑をおかけした東方出版の稲川博久氏に厚く御礼申し上げます。

令和七年二月九日

一本崇之

●使用写真の中、所蔵先表記のないものは、全て四天王寺提供のものです。

一本崇之（いちもと・たかゆき）
1984年、大阪府生まれ。神戸大学文学部卒業、同大学院人文学研究科博士課程前期課程修了。四天王寺勧学部文化財係主任・学芸員を経て、2022年より公益財団法人大和文華館学芸部係長、四天王寺特別調査員。専門は日本仏教美術史、四天王寺史。
主な論文に「江戸時代における四天王寺絵堂と聖徳太子絵伝――狩野山楽本以降の太子絵伝と文化再建絵堂をめぐって――」（『美術史論集』17号、2017年）、「四天王寺伽藍図からみた絵堂聖徳太子絵伝――狩野山楽筆板絵聖徳太子絵伝を中心に――」（『大和文華』143号、2023年）、著書（共著）に『聖徳太子と四天王寺』（石川知彦監修、和宗総本山四天王寺編集、法藏館、2021年）などがある。

四天王寺新縁起

2025年４月21日　初版第１刷発行

監　修――和宗総本山　四天王寺

著　者――一本崇之

発行者――稲川博久

発行所――東方出版㈱
〒543-0062　大阪市天王寺区逢阪２－３－２
Tel. 06-6779-9571　Fax. 06-6779-9573

装　丁――森本良成

組　版――はあどわあく

印刷所――モリモト印刷株式会社

ISBN978-4-86249-467-2 C0021

四天王寺聖霊会の舞楽【増補版】

南谷 美保 著

B5判・ソフトカバー■3,000円

聖徳太子の御霊に捧げられる極楽浄土の舞＝四天王寺聖霊会の詳細を、綿密な考証と百五十余点のカラー写真で平易に解説。その歴史、法要の意味や装束・楽器まで、舞楽・雅楽鑑賞のまたとない手引き。聖徳太子千四百年御聖忌を記念し、新たに写真と解説を増補した。

続・四天王寺の四季　阪田收写真集	坂田　收	一、八〇〇円
夕陽丘の四季　阪田收写真集	坂田　收	一、八〇〇円
お守り　法華経	高橋　勇夫	五〇〇円
弘法大師　空海百話【新装版】	佐伯　泉澄	一、〇〇〇円
弘法大師　空海百話Ⅱ【新装版】	佐伯　泉澄	一、二〇〇円
親鸞聖人　和讃百話【新装版】	三木　照國	一、二〇〇円
仏像の秘密を読む	山崎　隆之	一、八〇〇円
古代天皇誌	千田　稔	二、〇〇〇円
高野街道を歩く	森下　惠介	二、八〇〇円

表示の価格は消費税抜きの本体価格です。